tredition®
www.tredition.de

AF287890

K. J. Kohlhaas

Durch die Fellnasen wieder mobil

Umschlag, Illustration: K. J. Kohlhaas

Verlag: tredition GmbH, Hamburg

ISBN

Paperback	ISBN 978-3-8495-9825-9
Hardcover	ISBN 978-3-8495-9826-6
e-Book	ISBN 978-3-8495-9827-3

Printed in Germany

Inhaltsverzeichnis

Bilder:

Auf dem Cover: Fellnasen

Im Text:

Mancher Blindenhund ist die bessere Führungskraft!

Hermann Lahm

Wer Tiere quält, ist unbeseelt, und Gottes guter Geist ihm fehlt.

Mag noch so vornehm drein er schauen, man sollte niemals ihm vertrauen.

Johann Wolfgang von Goethe

EINLEITUNG

Ich wurde sehend geboren und war wie jeder auf seine eigene Art und Weise mobil, bis zu jenem Tag im Januar 1991, der alles ändern sollte. Von nun an war meine Mobilität reduziert. Ich benötigte meine Frau als Fahrer sowie meine Töchter als Orientierungshilfen. Bis ich meine eigenständige Mobilität wieder bekam, kam mir mein Leben wie eine Achterbahnfahrt vor – immer auf und ab, leider nur in Zeitlupe! Eine Schulung in Orientierung und Mobilität (S. 82) war der Anfang und die Entscheidung für einen Blindenführhund war die bis dahin tollste, aber nicht die einfachste Entscheidung die ich treffen konnte.

„Das Leben mit uns kann man sich als Sehender, als Sehbehinderter und Blinder nicht vorstellen, da alles was Ihr Euch so Vorstellt nur an der Oberfläche der möglichen Erfahrungen und der Gefühle sich bewegt. Dies ist selbst dann der Fall, wenn schon Hundeerfahrungen gesammelt wurden! Die Entscheidung für oder gegen uns ist nicht leicht. Das Leben mit uns nicht immer und der Abschied von uns, wenn wir über die Regenbogenbrücke gehen, ist das Schwerste, was unseren Frauchen und Herrchen passieren kann!

Wer glaubt schon, dass ein Hund Zuwendung und Pflege wie ein Kleinkind benötigt? Wer geht davon aus, dass wir uns außer Dienst genauso benehmen, wie andere Haushunde? Wer geht davon aus, dass mancher von uns auch Dinge vom Tisch entwendet? - Dies sagt euch ***Angelo****, die aktuelle Fellnase von Karl, der euch mit diesem Buch keine RATSCHLÄGE geben möchte, denn RATSCHLÄGE sind SCHLÄGE. Dieses Buch soll unterhalten und vielleicht bei der Entscheidung für oder gegen einen Blindenführhund helfen."*

Etwaige Ähnlichkeiten mit lebenden oder verstorbenen Personen in diesem Buch sind rein zufällig und unbeabsichtigt. Die Namen von Personen und Blindenführhundeschulen sind geändert. Sollte sich jemand erkennen, so ist dies rein Zufällig und nicht mit Absicht erfolgt.

Gestatten: Angelo

„Gestatten, Angelo, ein brauner Königspudel, die aktuelle Fellnase. Mein Beruf: Blindenführhund von Karl. Ich werde ab und zu meine Kommentare einstreuen, vor allem dann, wenn er meint, dass er dies oder jenes nur aus seiner Sicht aufschreiben müsste. Ich bin zwar erst seit Oktober 2010 bei ihm, aber meine Vorgängerin hat mir so einiges erzählt, was sie und ihr Vorgänger mit ihm erlebten. Dies und noch einiges mehr werde ich Euch mitteilen. Wie es dazu kam, dass Karl sich für einen Blindenführhund entschied, wird er euch auch erzählen. Lasst Euch also Überraschen und habt viel Spaß beim Lesen."

1 ANGELO IM FÜHRGESCHIRR

DER TAG, DER ALLES ÄNDERN SOLLTE!

Heute habe ich meinen dritten Blindenführhund schon seit 4 Jahren aber bis im Oktober 1998 mein erster Blindenführhund den Weg zu mir fand, war es eine lange, nicht immer einfache Zeit. Doch der Reihe nach.

Ich wurde im Juli 1960 geboren. Nach der Hauptschule machte ich eine Ausbildung zum Tischler. Die Bundeswehr rief am 1. April 1980, was für mich *kein* Aprilscherz war. Nach dem Grundwehrdienst, der damals noch 15 Monate dauerte, wurde ich Ausbilder in der Grundausbildung. Ich erhielt auch die Chance verschiedene Fahrerlaubnisse zu erwerben. Nach einiger Zeit bekam ich das Angebot, mich zum Fahrlehrer ausbilden zu lassen, was ich gerne annahm.

Die erste nicht ganz problemfreie Hundeerfahrung machten meine Familie und ich Ende der 80er Jahre mit einem Collie Schäferhund Mix. Zu dieser Zeit war ich noch sehend und bei der Bundeswehr als Zeitsoldat. Meine Dienstzeit ging dem Ende zu. 1990 kam es, dass ich nach Koblenz an die Bundeswehrfachschule ging, um dort einen höheren Schulabschluss zu machen. So wollte ich sicher gehen, dass ich nach meiner aktiven Dienstzeit im öffentlichen Dienst eine Anstellung in der Mittleren Beamtenlaufbahn bekommen sollte. Ich hatte vor, dass ich hauptberuflich in der Verwaltung arbeite und im Nebenberuf als Fahrlehrer tätig werden wollte, da dies mir noch immer viel Freude bereitete.

In dieser Phase machten wir als Hundehalter unsere größten Fehler. Immer wenn ich für eine Woche nach Koblenz fuhr, sagte ich zu unserer Collie Schäferhund Mix Hündin, dass sie auf das Frauchen und die Kinder aufpassen solle. Leider nahm sie diesen Auftrag sehr wörtlich, denn sie ließ nach einiger Zeit zwar die Freunde unserer Kinder ins Haus, aber nicht mehr raus. Zu diesem Zeitpunkt wussten wir uns keinen anderen Rat, als die Hündin abzugeben.

Und dann kam der Tag, der alles ändern sollte! Im Januar 1991 stellte ich fest, dass ich zunächst Buchstaben, dann ganze Worte nicht mehr sah. Beim Schreiben und Lesen fiel es mir immer schwerer die Zeile zu halten. Meine Schrift wanderte in einem Bogen nach unten. Ich dachte, „Du wirst wohl alt und brauchst eine Brille!“. Also ging ich zum Augenarzt der sich nicht sicher war, was er sah und schickte mich zum Augenzentrum am Bundeswehrkrankenhaus. Hier kam der Knall! Nach etlichen Untersuchungen hieß es, „Rahmen Sie Ihren Führerschein und hängen diesen an die Wand! Sie dürfen ab sofort KEIN Fahrzeug mehr führen!“ Meine Sehfähigkeit verringerte sich innerhalb eines ¾ Jahres auf einen Visus von 0,4. Den Schulabschluss konnte ich mit Zustimmung der Schulleitung und der Bezirksregierung machen. Aber durch die Sehprobleme, die bislang nicht genauer definiert werden konnten, war an eine Anstellung im öffentlichen Dienst nicht mehr zu denken.

Ab jetzt war ich zu Hause. Bis zu jenem Tag hatte ich mir nie Gedanken darüber gemacht, was wäre wenn. Dass es sehbehinderte und blinde Menschen gab wusste ich schon, aber wie sie leben und den Alltag meistern war mir fremd. Wie viele, die nichts mit einer Behinderung zu tun haben, dachte ich nie darüber nach. Jetzt war ich gezwungen mir Gedanken zu machen.

Ich hing einfach nur herum und ging der ganzen Familie auf den Geist. Damit ich eine Beschäftigung hatte, bekamen wir einen kleinen Yorkshire-Terrier Welpen. Timmy sollte für sehr viele Jahre ein tolles Familienmitglied sein.

1992 wollte ich genau wissen, was ich nun für eine Augenerkrankung habe und was man tun kann. Daher besorgte ich mir einen Termin an der Uni-Augenklinik in Köln. Nach vielen Untersuchungen kam heraus, dass ich eine Netzhautdystrophie hätte, eine genauere Bezeichnung konnte man mir nicht nennen. Man sagte mir nur, es sei eine juvenile Makuladystrophie. Gleiches Ergebnis kam auch bei den Untersuchungen in der Uni-Augenklinik in Heidelberg heraus.

Da meine Familie mir mitteilte, dass ich jetzt so langsam aus meinem Loch herauskommen soll und ich nicht für immer zu Hause sitzen wollte, machte ich mich auf die Suche nach einer Umschulung in der ich einen Beruf für Sehbehinderte erlernen konnte. Dies war nicht so einfach, wie es sich anhört. Denn es gibt viele Berufsförderungswerke in denen berufsunfähige sehende Menschen eine Umschulung durchführen können, aber für Sehbehinderte und Blinde gibt es in ganz Deutschland nur drei für Erwachsene. Ich fand heraus, dass im Berufsförderungswerk Düren gGmbH neben den üblichen Angeboten wie Bürokaufmann, Bürokommunikation oder Telefonist auch eine Umschulung zum Masseur und, die Umschulung zum Verwaltungsfachangestellten angeboten wurde. Letztere wäre für mich doch noch die Gelegenheit in den öffentlichen Dienst zu kommen. Meine Umschulung begann im März 1993 und endete im September 1995. Wie sich aber herausstellte, waren meine Chancen zerplatzt, denn inzwischen war im öffentlichen Dienst ein Einstellungsstopp beschlossen worden.

Soll ich, oder soll ich nicht?

Nach der Umschulung suchte ich mir eine Aufgabe, damit ich nicht nur zu Hause herumsaß. Ich trat dem Blindenverband in Trier bei und übernahm nach kurzer Zeit die Kreisgruppe Trier-Saarburg als ehrenamtlicher Ansprechpartner. Inzwischen war meine Sehfähigkeit auf einen Visus von 0,02 (1/50) gesunken. Dies bedeutete, dass ich laut Gesetz als blind anerkannt wurde. Als Ansprechpartner organisierte ich die Gruppentreffen, die immer an anderen Orten stattfanden. In dieser Zeit hatte ich zum aller ersten Mal mit Blindenführhunden und deren Frauchen und Herrchen zu tun. Was mir damals auffiel, war, dass die Betroffenen mit einem Blindenführhund unbeschwerter ihre Ziele erreichten, wogegen ich schon nach der Anfahrt mit Konzentrationsproblemen zu kämpfen hatte. Zunächst beobachtete ich dieses Verhalten, dann machte ich mich daran, die Hintergründe in Gesprächen herauszufinden.

Der eine sagte, das ist leicht, wenn der Hund gut ausgebildet ist, kommst Du überall hin, sofern Du den Weg kennst. Ein anderer sagte, kein Problem, ich hab doch noch meine Frau dabei und der Hund führt mich halt. Dies war für mich nicht befriedigend, so dass ich noch weitere Führhundehalter ansprach.

Auch nahm ich die Gelegenheit war, bei einem Führhundehaltertreffen der Führhundehaltergruppe Rheinland-Pfalz dabei zu sein. Hier wurde mir sehr schnell bewusst, dass „Blindenführhund“ nicht gleich „Blindenführhund“ ist und jeder eine andere Auffassung von einer guten Ausbildung, einer guten Blindenführhundeschule und dem alltäglichem Umgang mit dem Blindenführhund hat! Bei diesem Treffen bekam ich Antworten. Bessergesagt, mir wurden Fragen gestellt, die mich zum Nachdenken brachten. Auf diese Fragen war ich so nicht vorbereitet. Einer der wichtigsten Erkenntnisse für mich daraus war: „Mache Dir selbst ein Bild von der Blindenführhundeschule, aus der Du Deinen Hund möchtest!“ Ich habe eine Liste (S. 84) mit den Fragen zusammengestellt, über die der zukünftige Führhundehalter und seine Familie sich im Klaren sein müssen, bevor man einen Blindenführhund ins eigene Leben nimmt! So vergingen einige Jahre in denen ich mir immer die Frage stellte: „Soll ich, oder soll ich nicht?“.

Angelo: *„Das Leben mit uns kann man sich als Sehender, als Sehbehinderter und Blinder nicht vorstellen, da alles was Ihr Euch so vorstellt nur an der Oberfläche der möglichen Erfahrungen und der Gefühle sich bewegt. Dies ist selbst dann der Fall, wenn Ihr schon Hundeerfahrung gesammelt habt. Bedenkt, euer Leben ist ohne uns schon bunt und vielseitig, aber mit uns wird es noch bunter. Die Entscheidung für oder gegen uns ist nicht leicht. Das Leben mit uns nicht immer und der Abschied von uns, wenn* *wir über die Regenbogenbrücke gehen, ist das Schwerste, was unseren Frauchen und Herrchen passieren kann! Wer von den Erstführhundehaltern glaubt schon, dass ein Hund Zuwendung und Pflege wie ein Kleinkind benötigt? Wer geht davon aus, dass wir uns außer Dienst genauso benehmen wie andere Haushunde? Wer geht davon aus, dass mancher von uns auch Dinge vom Tisch entwendet? So vielseitig, wie Ihr seid, so vielseitig sind auch wir! Bedenkt, wir sind KEINE HILFSMITTEL MIT SCHALTER, die man einfach „EIN-" oder „AUSSCHALTEN" kann!"*

Damit ich mich sicherer im Straßenverkehr bewegte, machte ich Anfang 1997 endlich eine O&M Schulung. Diese Maßnahme wurde dringend erforderlich, da ich fast von einem Pkw auf einem Fußgängerüberweg angefahren wurde. Dies lag daran, dass ich der Auffassung war, ich könne mich mit meinem „Sehrest" noch gut orientieren und würde die anderen Verkehrsteilnehmer erkennen und somit auch rechtzeitig reagieren können, was sich als ein riesiger Irrtum herausstellte!

Wer hat nicht schon als Sehbehinderter den Satz gehört: „Der hat aber schon früh die Lampe an!" oder „Muss das denn schon am frühen Morgen sein?" Mir wurde unterstellt, dass ich wegen des übermäßigen trinken von alkoholischen Getränken meinen Fahrlehrerschein und die Führerscheine abgeben musste, da man mich nur noch zu Fuß oder als Beifahrer sah. Hier darf ich sagen, dass ich nie den Führerschein weg hatte. Zu allem Überfluss machte ich, wenn ich zu Fuß unterwegs war, dann auch noch ein grimmiges Gesicht, grüßte keinen und ging noch schwankend die Straße entlang. Das nicht Grüßen kam daher, dass ich niemanden der weiter als zwei Meter von mir entfernt ging erkennen konnte und das Schwanken und grimmige Schauen kam daher, dass ich mich so auf den Weg konzentrieren musste, dass für ein entspanntes Gehen keine Kraft übrig war. Weil wir uns unsicher im Straßenverkehr bewegen, sieht für unsere Mitmenschen so mancher Gang von uns Sehbehinderten aus, als hätten wir etwas zu tief ins Glas gesehen. Aus diesem Grund haben nur die wenigsten für unsere Situation Verständnis, denn unsere Seheinschränkung kann man von außen nur dann wahrnehmen, wenn wir uns auch entsprechend kennzeichnen. Die richtige Kennzeichnung lernen wir auch bei der O&M Schulung kennen und schätzen. Mit der Schulung hatte ich wieder einen Schritt zur eigenständigen Teilhabe am Leben gemacht. Der nächste Schritt sollte nun der Blindenführhund werden. Es dauerte dennoch ein weiteres Jahr, bis ich meinen ersten Blindenführhund in meiner Familie begrüßen durfte.

Mein Besuch in der Führhundeschule

Nachdem mein Kopf, mein Herz und meine Familie „JA" zu einem Blindenführhund gesagt hatten, kam nun die Suche nach der richtigen Schule und dem richtigen Hund. Gibt es geeignete Schulen in meiner Nähe oder muss ich durch ganz Deutschland fahren?

Angelo: *„Hallo, hier muss ich mich einmal einbringen, schaut Euch mehrere Blindenführhundeschulen an, denn nur so könnt Ihr vergleichen und für euch die optimale Verbindung zwischen Ausbilder, Hund und Euch finden! Sollte es dennoch bei der ersten Schule „KLICK" machen, dann ist es nun mal so."*

Die Entscheidung fiel im November 1997 auf die Blindenführhundeschule „Alpha" in NRW. Dies kam daher, dass eine Bekannte circa ein Jahr vorher einen Blindenführhund aus jener Schule erhalten hatte. Als sie nun die Schule besuchen wollte, fragte sie mich, ob ich nicht einfach mal mitkommen wolle. Ich könne mir die Schule ansehen und Fragen an den Ausbilder stellen. Diese Gelegenheit ließ ich mir nicht entgehen. So fuhren wir also zur Schule. Hier wurden Deutsche Schäferhunde gezüchtet. Auch hatten sie Labradore, Golden Retriever und ein Labrador-Dalmatiner-Mix. Teils in Ausbildung und teils in dem Alter, in dem es sich entscheidet, ob der Hund als Blindenführhund geeignet ist oder ob er als Haus- und Hofhund zu einer Familie gehen wird.

Nach der Begrüßung folgten ein ausführliches Gespräch sowie ein Rundgang über das Gelände der Schule. Im Anschluss fragte der Ausbilder Anton, ob er uns einige Junghunde vorstellen könne. Außer mir waren noch andere Interessenten anwesend. Wir hatten nichts dagegen und wir gingen wieder in den Aufenthaltsraum. Jetzt sagte er zu uns: „Wir holen jetzt einige Junghunde, um mal zu sehen, wie die Hunde auf euch reagieren. Bitte vermeidet das Locken der Hunde, denn nur so kann ich erkennen, ob und wie sich ein Hund für einen von euch interessiert. Wir machen zwei Durchgänge. Erst bleibt ihr so in der Runde sitzen, dann wechselt ihr kreuz und quer die Plätze und wir holen die Hunde noch einmal. So stellen wir sicher, dass die Entscheidung des Hundes kein Zufall war." Auf die Frage, warum er die Hunde entscheiden ließe und nicht uns, antwortete Anton, dass der Mensch nach Rasse, Aussehen und persönlichem Geschmack auswählt. Der Hund hingegen nach dem Geruch und wenn ein Hund sich einen Menschen aussuche, passe dies zu 95%.

Wie gesagt, so gemacht! - Zunächst kam eine Belgische Schäferhund-Hündin in den Raum. Sie ging einmal um uns alle herum und legte sich abseits. Nachdem diese Hündin wieder aus dem Raum war kam ein „Blitz" in den Raum, eine kleine, super flinke blonde Labrador-Hündin. Sie hatte so viel Schwung, dass sie über den Couchtisch sprang und allen zeigen wollte wie viel Power in ihr steckt. Sie war immer im Raum unterwegs und wäre am liebsten bei allen geblieben. Nun bekam eine schmale Schäferhündin namens „Iona" ihre Chance. Sie war ruhig und ging von einem zum anderen. Sie blieb auch bei mir stehen, ging aber dann weiter und legte sich vor einen Schrank, wo sie mich im Blick hatte. Jetzt kamen die Rüden. Als erstes hatte „Ingo" ein sieben Monate Alter Schäferhund seinen Auftritt. Er kam in den Raum, blieb stehen und sah zunächst die Runde aus der Ferne an. Dann ging er etwas herum. Schnupperte hier und da. Kam zu mir, ging kurz weiter zum nächsten und drehte sich wieder um. Er kam zu mir zurück und legte sich neben mich. Als er nun den Raum verlassen sollte, blieb er einfach liegen. Das Rufen von Anton und die Lockversuche seiner Tochter Alina mit Leckerlies waren erfolglos. Erst als ich Ingo sagte, dass er bitte gehen solle, da die anderen Hunde auch ihre Chance bekommen sollen, stand er auf und verlies nur widerwillig den Raum. Dabei sah er sich immer wieder nach mir um. Es kamen nach Ingo noch drei weitere Rüden, die sich für andere Bewerber entschieden.

Als nun alle Hunde die erste Runde durch den Raum gemacht hatten und sich für diesen oder jenen Zweibeiner mal mehr oder weniger interessierten, kam nun das Spiel „Bäumchen wechsle Dich!“ Wir wechselten die Plätze, aber nicht nur einmal im Kreis, sondern kreuz und quer, so dass unsere Gerüche sich schön im Raum verteilten. Anschließend öffnete sich die Tür wieder für die Hunde!

Der Labradorhündin, dem kleinen „Blitz“, war es gleich. Sie zeigte uns, dass sie noch immer Power in sich hat - leider zu viel, denn später erfuhr ich, dass sie kein Führhund wurde. Einige andere gingen zu anderen Personen, als in der ersten Runde. Doch dann kam Ingo wieder in den Raum. Im Gegensatz zur ersten Runde lief er auf den Sessel zu, auf dem ich zuerst saß. Er setzte sich hin, legte jenem, der jetzt dort saß die Pfote auf das Bein und sah in dessen Gesicht. - Oh, je! Was war los? Ingo nahm die Pfote sofort wieder vom Knie, sah sich in der Runde um und kam sofort zu mir. Er legte sich neben mich und blieb. In diesem Augenblick wusste ich: Dies ist beziehungsweise wird mein erster Blindenführhund! So sah es auch Anton. Später sollten wir noch einige Male über diese Situation sprechen.

Das ich einen Blindenführhund bekommen wollte, war von Anfang an klar. Dass es ein Schäferhund sein würde, weniger. Aber dass die Entscheidung über die passende Schule und den passenden Hund so schnell erfolgte, war doch eine große Überraschung. Nachdem die Hundevorstellung beendet war, rief ich zu Hause an. Meine Frau hörte sofort an meiner Stimme, dass eine Entscheidung gefallen war.

Angelo: *„Die Entscheidung, dass es ein Schäferhund wurde, hat Ingo ihm damals abgenommen. Karl war wie viele sehr unsicher, was Schäferhunde anging. Er kannte zwar viele Schäferhunde, aber meist als Polizeihund oder Wachhund bei der Bundeswehr, denen man sich nur vorsichtig oder überhaupt nicht nähern konnte. Da die Kinder noch relativ klein waren, hatten er und seine Frau große Bedenken. Doch Ingo knackte die Schale und gewann! – Gut gemacht Ingo!"*

2 INGO MIT 7 MONATEN

BEANTRAGUNG UND AUSBILDUNG!

Doch bevor die Ausbildung von Ingo zu meinem Blindenführhund begann, mussten noch einige Formalitäten erledigt werden. Beim nächsten Besuch fuhr meine Familie mit. Auch sie bekamen von Anton einige Fragen gestellt. Damit sollte sichergestellt werden, dass sie auch hinter meiner Entscheidung stehen und mich unterstützen. Wie sich unser Leben verändern sollte, konnten wir bis dahin trotz der Schilderung anderer Führhundehalter und des Ausbilders nicht einschätzen. Der Einfluss des Blindenführhundes in den Alltag ist größer als man sich vorstellen kann. Und was Ingo bei uns alles ändern sollte, konnten wir uns erst recht nicht vorstellen. Die Schilderungen waren für uns noch so weit weg.

Ich bekam nun von der Schule einen Kostenvoranschlag. Damit ging ich zu meinem Augenarzt, der eine Hilfsmittelverordnung mit der Befürwortung anfertigte. Er erklärte, dass ich mittels Blindenführhund meine Mobilität weiter verbessern könne. Den Kostenvoranschlag, die Hilfsmittelverordnung und eine persönliche Begründung warum ich einen Blindenführhund möchte reichte ich im November 1997 bei meiner Krankenkasse zwecks Bewilligung ein. Und siehe da, nach kurzer Zeit – Januar 1998 - kam die Bewilligung. Jetzt konnte die Schule die Ausbildung starten.

Nach Rücksprache mit der Schule nutzte ich in jedem Ausbildungsmonat ein Wochenende (freitags anreisen - sonntags abreisen) um in der Schule die Beziehung zu Ingo zu vertiefen. Ich lernte die Kommandos, wir machten Unterordnungsübungen, übten das Freilaufverhalten, spielten und gingen spazieren. Ingo war immer wieder freudig erregt, wenn ich mich der Schule für ein Wochenende näherte. Er und ich konnten es nicht abwarten ein Team zu werden.

DIE EINARBEITUNG MIT INGO

Im Oktober 1998 war es soweit. Die Einarbeitung konnte beginnen. Der erste Teil wurde in der Umgebung der Führhundeschule durchgeführt. Ich fuhr also zur Schule und war gespannt, was wir in den nächsten Tagen so machen sollten. Obwohl ich schon einige Zeit mit Ingo verbracht hatte, war ich gespannt ob ich so viel Vertrauen aufbauen konnte, dass ich mich ohne Wenn und Aber auf Ingo einlassen kann. So zu sagen, ihm mein Leben anvertraue!

Angelo: *„Das Vertrauen muss nicht nur vom Herrchen oder Frauchen aufgebaut werden, nein auch wir Führhunde müssen Vertrauen aufbauen, denn wenn wir wissen, wie Ihr „TICKT", dann können wir Euch optimal zu den Zielen führen! Auch wir brauchen dafür unsere Zeit, der eine mehr und der andere weniger."*

Zunächst machten wir einfache Übungen ohne Ingo. Ich hatte eine Augenmaske auf, so dass ich meinen noch so kleinen Sehrest nicht einsetzen konnte. Anton sagte mir, wir machen jetzt Trockenübungen. Er war der Führhund, und ich sollte die Kommandos geben und gegebenenfalls reagieren, wenn er zum Beispiel zu weit links oder rechts führte, oder wenn er unaufmerksam war. Mit dieser Übung wollte er auch feststellen, ob ich absichtlich oder unabsichtlich mit dem Führbügel lenken würde und ob ich einen Links- oder Rechtsdrall habe. Dies geschah, um die Einarbeitungsschritte genau zu planen. Damit waren wir den ganzen Vormittag ausgelastet. Diese Übung hörte sich zwar nicht schwer an, aber sie zerrte doch an der Konzentration, so dass die Mittagspause sehr gelegen kam.

Nach dem Mittagessen durfte ich das erste Mal Ingo ins Führgeschirr nehmen. Ich hatte, wie am Vormittag, die Dunkelmaske auf. Anton ging zunächst neben mir, um gegebenenfalls sofort eingreifen zu können. Wir gingen einen langen Weg gerade aus, hier sollte Ingo mich zunächst an der linken Straßenseite führen. Ich sollte genau darauf achten, dass Ingo sauber am linken Straßenrand ging. Im Anschluss wechselten wir die Straßenseite um nun am rechten Straßenrand zu gehen. Hier lag die Schwierigkeit darin, dass ich an der Kante ging und Ingo dies genau abschätzen musste, ohne dass wir mitten auf der Straße liefen oder ich im Graben ging.

Eine weitere Herausforderung bestand darin, dass von links ein Weg einmündete und in einiger Entfernung eine Sitzbank auf der rechten Seite stand. Wir, Ingo und ich, sollten zunächst am linken Wegrand gehen, an der Einmündung stehenbleiben, dann die

Einmündung überqueren und anschließend die Sitzbank auf der rechten Seite ansteuern. Im Beisein des Ausbilders war es kein Problem, so dass er nach dem Rückweg sagte: „Jetzt bleibe ich hier und Du gehst mit Ingo alleine. Ich werde euch beobachten und gegebenenfalls rufen!" So kam der erste „ALLEINGANG" mit Ingo. Was war das für ein Gefühl. Er lief sauber am linken Wegrand, blieb an der Einmündung stehen. Wir überquerten die Einmündung, so dass wir im Anschluss ein Stück geradeaus gingen, bis ich Ingo den Befehl „Such Bank" gab und Ingo nach rechts wechselte. Da Anton meinen Befehl an Ingo nicht hörte, sah es für ihn so aus, als hätte Ingo selbstständig die Richtung abgeändert. Aber ich konnte ihn beruhigen, dass Ingo auf meinen Befehl die Seite wechselte. Wir machten an dem Nachmittag noch einige Unterordnungsübungen und danach durfte ich mit Ingo die Freizeit genießen.

Angelo: *„Was hat Karl denn gedacht, für einen gut ausgebildeten Führhund ist dies doch eine der leichtesten Übungen!"*

Den zweiten Einarbeitungstag verbrachten wir in einem ruhigen Wohngebiet. Hier übten wir das Überqueren von Straßen, das Suchen von Wegen die nach rechts oder links abbogen. Das Suchen einer Ampel sowie das Aufsuchen eines Geschäfts. Am Vormittag stellten wir bereits fest, dass Ingo sich am

Ausbilder orientierte. Dies versuchten wir am Nachmittag zu vermeiden, indem wir Funkgeräte verwendeten und der Ausbilder aus einiger Entfernung vor oder hinter uns war. Leider hat Ingo den Trick schnell durchschaut, so dass jetzt die Tochter die Einarbeitung fortsetzen musste. Sie fuhr mit dem Auto, so dass sie schnell und bequem ihre Position ändern konnte. Und dennoch gelang es ihr nicht immer meinem sehr aufmerksamen Ingo zu entwischen.

Nochmals Angelo: *„Was hat den Alina gedacht, Ingo wurde doch in der Ausbildung so manches Mal mit dem gleichen Auto von A nach B gefahren, damit man nicht zu viel Zeit beim Training verlor! Dies merken wir uns doch alle, wir fahren halt gerne Auto!"*

Dann kam der dritte Einarbeitungstag. Kurz gesagt, eine Katastrophe! Schon früh morgens war der Wurm drin. Ingo und ich kamen einfach nicht zurecht. Vielleicht wollte ich schon zu viel, so dass ich Ingo und mich überforderte. Ingo wollte nach rechts, wenn ich links sagte. Blieb an der Bordsteinkante nicht stehen. Lief ungebremst in einen Laden, wobei ich am Türrahmen anstieß. Um den Stress nicht zu hoch werden zu lassen machten wir schon gegen Mittag Schluss.

Angelo: *„Ingo sagte Biggy, das war damals eine riesige Blamage. Aber irgendwie waren wir beide nicht bei der Sache. Mir war es langweilig, immer die gleichen Wege zu gehen und Karl, der war mit seinen Gedanken wer weiß wo, nur nicht bei der Einarbeitung! Vielleicht träumte er schon von irgendwelchen Wegen, die wir irgendwann gemeinsam gehen sollten!?"*

Am Nachmittag wollte ich einen kleinen Spaziergang mit Ingo machen, ich mit Langstock, Ingo an der Leine mit Kenndecke. So wollte ich den Stress vom Morgen abbauen. Eine kleine Runde über Feld und Flur sollte es werden, aber „Erstens kommt es anders und zweitens als man denkt!" Aus einer kleinen Runde, wurde ein Spaziergang von fünf Stunden mit einer mittleren Suchaktion.

Auf dem Spaziergang entfernten wir uns sehr weit von der Schule und landeten irgendwann auf einer Bundesstraße. Jetzt gab es zwei Möglichkeiten für mich: 1. Wir würden den gleichen Weg zurückgehen! Oder 2. Wir gehen weiter!

Da ich den Frust vom Morgen noch nicht abgebaut hatte, sagte ich zu Ingo, wir müssen jetzt zusammenhalten und du musst mich führen, auch wenn ich dich nur an der Leine habe und du nur durch die Kenndecke als Blindenführhund zu erkennen bist.

__Angelo:__ *„Ingo erzählte Biggy, dass dies auch bei Ihm den Rest des Vertrauens gab. Karl hätte ihm dadurch gezeigt, dass er sich auf ihn verlasse und so viel Vertrauen habe, dass das Führen selbst ohne Führgeschirr funktionierte!"*

Zu dieser Zeit hatte ich noch kein Handy und auch kein Kleingeld dabei, um von einer Telefonzelle aus in der Schule anzurufen. Dies bedeutete, dass wir den Weg zurück selbst finden mussten. So suchten Ingo und ich zunächst den Weg Richtung Stadt, dann Richtung unserer Unterkunft und von dort den Weg zur Schule. Was ich nicht wusste: alle waren sehr unruhig, denn keiner wusste wo wir waren, denn ich wollte ja nur eine kleine Runde mit Ingo gehen. Der Sohn und die Tochter fuhren mit den Autos einige Strecken ab, in der Hoffnung, dass sie uns entdecken würden. Dies war nicht der Fall. Entweder waren wir gerade in einer Seitenstraße unterwegs, oder hinter Hindernissen und Sträuchern, als sie an mir vorbeifuhren. Als wir uns der Schule näherten, waren alle sehr erleichtert und wollten wissen, wo ich war und wie ich den Weg wieder zurück fand. Der Stress vom Morgen war vergessen und abgebaut.

Ab jenem Tag, funktionierte unser Team. Ingo hat mich ab diesem Zeitpunkt in der Einarbeitung nur ein einziges Mal an einer Betonwendeltreppe von der Größe falsch eingeschätzt, so dass ich mit der Schulter die Treppe berührte. Ansonsten verlief die Einarbeitung wie am Schnürchen. Wir trainierten das Fahren mit Bus und Bahn. Das Durchqueren eines Einkaufszentrums, das Suchen von Treppen, Aufzügen und so weiter. Auch trainierten wir die Verweigerung. Dabei sollte Ingo verhindern, dass ich in die Bahngleise falle, dass wir nicht auf die Rolltreppe gehen oder ich bei der Annäherung eines Fahrzeuges die Straße quere. All dies funktionierte super, so dass ich immer mehr Vertrauen in Ingo bekam. Nach der ersten Woche sagte Alina, dass wir wie ein „altes Ehepaar" liefen, als wären wir schon ewig ein Team. Die Einarbeitung führten wir auch noch bei uns zu Hause durch. Auch wenn Ingo sich hier nicht auskannte, konnte ich mich auf ihn verlassen. Wir gingen unter anderem die Wege zur Post, zum Bahnhof, zur Gemeindeverwaltung und so weiter. Überall machte es mir Spaß mit Ingo selbständig das Ziel zu erreichen.

Ein Team wächst zusammen

Bereits im August 1998 erfuhr ich, dass im Berufsförderungswerk Düren gGmbH eine befristete Stelle im Bereich der Verwaltungsausbildung zu besetzen sei. Darauf hatte ich mich beworben und eine Zusage erhalten. Unmittelbar nach der Einarbeitung mit Ingo sollte ich den Job antreten. Für mich und Ingo bedeutete dies, dass wir nur am Wochenende zu Hause waren. Die Woche verbrachten wir in Düren beziehungsweise in Abenden, wo ich ein kleines Zimmer mieten konnte. Auf der einen Seite war es schade, dass meine Frau und ich wieder einmal eine Wochenendehe führen mussten. Aber für Ingo und mich war es das Beste, was uns passieren konnte, denn so konnten und mussten wir uns aufeinander konzentrieren. Dies funktionierte auch gut.

Ingo war damals einer der ersten Blindenführhunde, die im Berufsförderungswerk mit in den Speisesaal durften. Für Angestellte und Umschüler mit einem Blindenführhund hieß es bis dahin, der Hund muss auf dem Zimmer bleiben. Man hatte hygienische Bedenken, die wir aber schnell bei Seite räumen konnten, so dass es auch für die nachfolgenden Blindenführhundehalter, gleich ob Angestellter oder Umschüler, keine Probleme mehr gab.

Angelo: *„Also, dass müssen damals heiße Diskussionen gewesen sein. Denn Karl und Ingo durften zunächst nur eine ganz bestimmte Tür als Zugang zum Speisesaal nutzen. Außerdem durften sie nur an einem außen stehenden Tisch sitzen. Mit der Zeit lockerte sich das Ganze und die Tischwahl wurde flexibel geregelt!"*

Im „Rathaus", wie unser Büro genannt wurde, saßen wir zu zweit. Hier hatten wir die Aufgabe die Umschüler bei dem Erstellen von Bescheiden am PC zu unterstützen, anfallende Klausuren zu kopieren und für Blinde in die Braille-Schrift umzuformatieren. Unsere Aufgabe war es auch dafür zu sorgen, dass immer ausreichend Verbrauchsmaterial vorhanden war. Und bei allem war Ingo dabei. Er wurde mit der Zeit das Rathaus-Maskottchen. Leider musste er auch des Öfteren alleine im Rathaus bleiben, da es einige Umschüler mit Allergien gab und er somit nicht in die Unterrichtsräume mitgenommen werden durfte. Normalerweise lag Ingo dann unter meinem Schreibtisch und schlief. Aber es kam auch vor, dass er sich aus Langeweile am Telefonkabel gütlich tat. So wunderten wir uns, dass wir zwei Tage keinen einzigen Anruf hatten. Wir wurden aber auch nicht angesprochen, dass man uns nicht erreichen würde. Bis wir mal versuchten jemanden anzurufen. Und da sahen wir, was Ingo angestellt hatte. Er hatte den Telefonkabel zerbissen. Als wir dies sahen, waren wir nicht sauer, sondern lachten darüber, denn so ruhig war es nie wieder.

Nach Feierabend fuhren wir mit der Rurtalbahn in den kleinen Ort Abenden, in dem ich ein kleines Zimmer gemietet hatte. Der Ort liegt so schön, dass Ingo und ich ausreichende Wege fanden, den Bewegungsmangel vom Tage abzubauen. Dabei konnten wir viele Trainingseinheiten absolvieren, denn nur durch Training wird man ein gutes Team.

Angelo: *„Auf dem Weg vom Berufsförderungswerk zur Haltestelle der Rurtalbahn muss man eine Bundesstraße überqueren. Hier ist eine Ampel mit einem akustischen Signal, was fürchterlich auf die Ohren geht. Dies kann ich bezeugen, denn ich war vor kurzem dort, weil Karl einen Besuch machte. Ingo tat es damals so weh, dass er schon auf dem Wege zur Ampel am liebsten einen riesigen Bogen gemacht hätte. Leider ging dies nicht, da es die einzige Möglichkeit ist, zur Haltestelle zu kommen!"*

Als wir nun eines Tages von einem dieser Spaziergänge zurückkamen, öffnete ich einen kleinen Sandkuchen mit Schokoladenüberzug und stellte diesen auf den Tisch. Ich musste nun kurz das Zimmer verlassen und dies war der Punkt, an dem Ingo nicht widerstehen konnte. Er nahm ein Stück vom Kuchen. Als ich das Zimmer wieder betrat, wunderte ich mich, denn ein größeres Stück Kuchen lag auf dem Boden und war angeknabbert. Ingo lag aber als braver Hund auf seiner Decke und sah mich nur von unten nach oben mit seinen großen Augen an. Ich meinte daraufhin zu ihm, „Der Kuchen ist viel zu süß und das ist nichts für dich!“ Nach jenem Tag hat er nie wieder etwas vom Tisch genommen. – Zumindest habe ich nie wieder etwas gemerkt. Stopp! Da war doch noch etwas: 2001, beim Geburtstag meiner Frau. Wir hatten ein Büffet aufgebaut. Darauf lagen Würstchen, Braten, verschiedene Salate und Brote. Dies alles lockte Ingo nicht, bis auf eines: Ein kleiner Stängel einer Traube ragte über den Tischrand hinaus. Ingo versuchte diesen Stängel mit den Vorderzähnen zu packen ohne mit der Schnauze über die Tischkante zu kommen, denn – DA HAB ICH NICHTS VERLOREN! – Dabei wurde er aber von einer Freundin beobachtet. Als jene mich darauf aufmerksam machte und ich mich nur leicht räusperte, lies Ingo vor Schreck die Traube fallen und verzog sich in seinen Korb.

Da der Arbeitsvertrag für mich leider nicht verlängert wurde, ging die Zeit in Düren nach acht Monaten zu Ende. Diese Zeit reichte uns, um ein wirklich gutes Team zu werden.

Weitere Erlebnisse mit Ingo

Nach dem kurzen beruflichen Abstecher war ich nun wieder arbeitsuchend. Was ich merkte war, dass sich meine Augen doch sehr verschlechtert hatten. Ich stellte den Rentenantrag, der zunächst abgelehnt und somit zu einem Reha-Antrag umgewandelt wurde. Ich solle jetzt eine blindentechnische Grundrehabilitation machen. Dies bedeutet: Braille-Schrift lernen, Lebenspraktische Fertigkeiten (LPF; Kochen, Backen, Nähen, mit System den Tisch abputzen usw.). Hierzu ging ich nach einigem hin und her in das Berufsförderungswerk Würzburg und mein Begleiter Ingo war dabei!

Wir bekamen ein schönes Zimmer im Erdgeschoss, so dass wir weder Treppen, noch Aufzug fahren mussten und er Weg zum Speisesaal war auch nicht weit. Hier war es überhaupt kein Problem, denn im Gegensatz zu Düren waren hier sehr viele Blindenführhundehalter. Leider wurde der Aufenthalt in Würzburg ein relativ kurzer, da mein Körper mir eindeutig anzeigte, dass er überlastet sei! Nach sieben Monaten erlitt ich zwei Mal kurz hinter einander einen Schwächeanfall. Daraufhin musste ich die Reha-Maßnahme aus gesundheitlichen Gründen abbrechen. Aber in dieser Zeit hatten wir auch einige Erlebnisse, die erwähnenswert sind.

Angelo: *„Ingo erzählte Biggy, das dort schöne Wege waren, wo man sehr lange spazieren konnte. Auch die Wege am Main waren toll. Hier konnte man einige Hunde, Schwäne und Enten treffen. Vor den Schwänen musste er sich aber in Acht nehmen, da die ihre Jungen verteidigten. Am Bahnhof war es nicht immer so angenehm, denn hier saßen bei schönem Wetter Menschen, die ihre Hunde nicht immer im Griff hatten, auch wenn dies meist gut ging."*

Wenn wir sonntags mit dem Zug wieder einmal verspätet in Würzburg ankamen und der Bus bereits gefahren war, stritten sich die Taxifahrer, mit wem wir fahren durften. Das eine Mal wurde gelost und die Fahrerin mit dem kleinsten Auto, einer „A-Klasse" gewann. Zunächst verstauten wir das Gepäck im Kofferraum, dann wurde der Beifahrersitz so weit wie nur möglich nach hinten geschoben. Ich setzte mich auf den Beifahrersitz und Ingo musste im Fußraum mit seiner Schulterhöhe von 64 cm Platz nehmen. Wenn Ingo saß, konnte er ohne Probleme nach draußen sehen. Die Taxifahrer, die beim Losen verloren hatten beobachteten diese Situation und applaudierten, als wir endlich im Auto saßen. Aber wir kamen sicher im Berufsförderungswerk an.

Dann gab es einen Supermarkt, deren Angestellten uns Blinden und Sehbehinderten immer beim Einkaufen halfen. Der Zutritt mit dem Blindenführhund war überhaupt kein Problem. Sie brachten uns den Einkauf und das Hundefutter ins Berufsförderungswerk, so dass wir Führhundehalter das Futter nicht schleppen oder gegebenenfalls extra ein Taxi für den Transport rufen mussten.

Wieder zu Hause, hieß es kürzer treten. Da ich aus gesundheitlichen Gründen die Maßnahme beendete, wurde nun geprüft, ob man die Rente doch bewilligen sollte. Man tat dies, so dass ich ab sofort den Status „EU-RENTNER“ trug.

Ingo war natürlich noch kein Rentner, denn wir waren sehr oft unterwegs. Zu Hause hatte Ingo auch seinen Spaß mit den anderen vierbeinigen Mitbewohnern. 2000 kam ein kleiner getigerter Kater ins Haus. Er war gerade einmal 10 Wochen alt. Der kleine Kater mit dem Namen „Krümel“, sah Ingo als großen Beschützer und „Mama-Ersatz“. Wenn Ingo auf seinem Ruhekissen lag, dauerte es nicht lange, dann war Krümel da. Zunächst wurde Ingo als Berg erklommen, dann als Kratzbaum verwendet und schließlich kuschelte man sich an ihn und schlief ein. Ingo lies alles ruhig über sich ergehen und wenn es doch einmal zu heftig wurde, hob er nur den Kopf, schuppste Krümel mit der Schnauze und alles war wieder o.k.

Später, als Krümel nach seinen Streifzügen nach Hause kam, war der erste Weg immer zu Ingo und später auch zu den anderen Blindenführhunden, denn man musste sich ja begrüßen und kontrollieren, ob alles in Ordnung sei. Krümel brachte öfter kleine Geschenke mit, die er für Ingo gefangen hatte!

Angelo: *„Die kleinen Geschenke waren Mäuse, die Karl und seine Frau meist schnell entsorgten, bevor Ingo sie fand. Aber die ein oder andere hat er doch bekommen. Auch Biggy sollte ihre Geschenke erhalten. Ich mache mir nichts aus Mäusen! Krümel ist leider 2014 verstorben, nach dem er vergeblich sein Revier gegen andere Kater verteidigen wollte. Er war aber auch schon seit einiger Zeit geschwächt, so dass die anderen leichtes Spiel mit ihm hatten!"*

In kleinen Schritten nahm ich die ehrenamtliche Arbeit beim Blindenverband und später auch bei der PRO RETINA Deutschland wieder auf. Auf dem einen oder anderen Seminar, welches ich besuchte, hatte ich immer Ingo dabei. So kann ich mich an das Sozialberaterseminar der PRO RETINA erinnern, auf dem Ingo mit seiner Pfote eine Geburtstagskarte unterzeichnen musste. Jetzt fragt sich jeder wie dies gehen soll! Ganz einfach: Zwei Damen aus der Teilnehmerrunde opferten ihre feuerroten Lippenstifte und bemalten Ingos Pfote, so dass man den Abdruck auf der Karte erkennen konnte. Wir wischten die

Pfote wieder sauber. Das dachten wir zumindest, denn wir waren alle entweder blind oder sehbehindert. Das wir die Reinigung der Pfote nicht richtig gemacht hatten, bekamen wir am anderen Morgen mit, denn die Reinigungskraft wunderte sich über die zahlreichen roten Pfotenabdrücke, die ihr das Reinigen erschwerten.

Dass Ingo ein „schlauer Hund“ war, hatte ich schon bis dahin gemerkt, aber dass er auch aktiv dem Ausbildungsstoff des Seminars folgte, durften wir alle auch bald erkennen. Ingo lag früh morgens immer neben mir. Nach der ersten Pause legte er sich mitten in den großen Tischkreis, meist mit dem Kopf in Richtung des Dozenten. Wenn es darum ging, dass wir die eine oder andere Frage stellen sollten, war Ingo irgendwie telepathisch mit mir verbunden. Wenn jemand zum X-ten Mal die gleiche Frage stellte, dachte ich nur: „Hast Du nicht aufgepasst?“, aber Ingo schnaufte so, dass man seinen Unmut erkennen konnte. Beim ersten Mal lag Ingo hinter mir und alle hatten mich im Verdacht diese Äußerung gemacht zu haben. Aber da Ingo dies regelmäßig machte, war er schnell erkannt und das Gelächter war von jenen sehr groß, die erkannten, warum Ingo so reagierte. Jene, die wie immer auf dem „SCHLAUCH“ standen, verstanden die ganze Situation nie.

Angelo: *„Auf der einen Seite wurden Karl und Ingo gelobt, dass Ingo brav im Raum liegen blieb oder auch im Speisesaal sich nicht von Tisch zu Tisch bewegte und bettelte. Aber dann bekam Karl immer wieder zu hören, er sei zu streng und würde Ingo nichts durchgehen lassen! – Hier hat sich Karl nicht geändert. Dies hat aber auch seinen Grund, denn die Leute, die sich beschweren, wenn Karl uns gegenüber konsequent bleibt, wären die ersten, die sich lauthals beschweren würden, wenn wir zu ihnen kämen um zu betteln! – Denn ein Blindenführhund darf das nicht!“*

Ich war auch mit Ingo in Grundschulen, Hauptschulen oder an Berufsbildenden Schulen für die Schwestern- und Pflegerausbildung. Hier konnten wir Berührungsängste abbauen und somit dazu beitragen, dass die leider immer noch vorhandenen Barrieren Schritt für Schritt abgebaut wurden.

Um die vorhandenen Barrieren abzubauen, bedarf es noch immer einen großen Einsatz und viel Überzeugungskraft. Dies liegt zum einen an den oben geschilderten Berührungsängsten, andererseits sind wir Führhundehalter auch dafür verantwortlich! Wenn ich zum Beispiel als Patient eine Reha-Maßnahme durchführen soll, ich aber auf Grund der Erkrankung nicht so mobil bin, dass ich meinen Hund nicht selbst versorgen kann, ist es aus meiner Sicht unverantwortlich, dass ich auf die Mitnahme des Führhundes bestehe. Das Personal ist „NICHT“ für die Versorgung unserer Hunde da! Wenn ich aber selbständig die Versorgung gewährleisten kann, bin ich der letzte, der nicht um die Mitnahme des Blindenführhundes kämpfen würde!

Das Abbauen von Barrieren erfolgte nicht nur bei offiziellen Terminen, sondern auch ganz spontan, wenn ich mit Ingo im Bus oder Zug saß oder wenn wir durch die Stadt gingen. Kaum hatten Kinder uns entdeckt, dann waren wir umzingelt und die große Fragestunde begann. So hatte ich meist nie Langeweile, wenn wir längere Zugfahrten zu überstehen hatten. Früher, als ich nur mit dem Langstock unterwegs war, traute sich keiner mich anzusprechen und seit dem ich mit einem Blindenführhund unterwegs bin, haben sich die Zugfahrten zu unterhaltsamen Abendteuer entwickelt. Man weiß nie, was geschieht! Meine Bekannten in der Selbsthilfe gaben mir nach kurzer Zeit den Beinahmen „Selbsthilfe-Missionar“, da ich wirklich keine Gelegenheit zur Beratung und dem Austausch von Informationen ausließ.

Leider stellte sich sehr bald heraus, dass Ingo mit verschiedenen gesundheitlichen Problemen zu kämpfen hatte. Neben den unterschiedlichen Allergien bekam er auch Probleme mit seiner Ausdunstung und den Nieren. Dies führte dazu, dass er nicht mehr überall mit hin konnte und wir recht oft einen Besuch beim Tierarzt einplanen mussten. Alle Versuche, die Allergien und damit auch die Folgeerkrankungen in den Griff zu bekommen scheiterten. Ingo hätte mir nie wegen der Erkrankung den Dienst verweigert. Unser Tierarzt sagte damals zu mir: „Ingo gibt 150% und bevor er freiwillig aufhört, bricht er im Führgeschirr zusammen!“ So musste ich 2003 die schwere Entscheidung treffen, Ingo aus dem Dienst zu nehmen, da er nicht mehr in der Lage war, den Dienst ordnungsgemäß zu erledigen und er die Chance bekommen sollte, seine letzten Tage, Monate oder vielleicht auch Jahre ohne Stress bei uns zu Hause zu leben.

Angelo: *„Hier kann ich nur sagen: EINMAL FÜHRHUND, IMMER FÜHRHUND! – So geht es jedem von uns, wir lassen unser Frauchen und Herrchen nie im Stich!“*

Ein neuer Blindenführhund und der Abschied von Ingo

Durch meine Entscheidung, stellten sich mir auch die Fragen: Gehst Du wieder zu der Blindenführhundeschule in NRW oder suchst Du eine andere Schule? Die Wahl fiel auf eine neue Schule. Ich wollte verhindern, dass ich wieder einen „kranken" Hund bekommen sollte, wobei die Schule in NRW mit Sicherheit nur eine kleine Schuld daran hat, dass Ingo erkrankte. Hätte man eventuell in der Zuchtlinie auf Allergien geachtet, hätte ...!

Ich musste mir nun eine andere Schule suchen, aber welche kommt in Frage? Welche Hunderasse möchte ich als Blindenführhund haben? Welche Rasse ist nicht durch die Überzüchtung so eingeschränkt, dass sie in Frage kommt? Nach einigen Telefonaten mit der Schule L. und dem Ausbilder der Schule M. und der Stiftung T. kam ich zu dem Schluss, dass ich eventuell einen Riesenschnauzer, einen Königspudel oder einen der Hütehund-Rassen mir als Blindenführhund vorstellen könnte. Jetzt hatte ich aber noch keine Schule, von der ich meinen neuen Blindenführhund auch ausgebildet bekommen möchte.

Einer meiner Bekannten hatte zufällig zur gleichen Zeit die Einarbeitung mit seinem Blindenführhund, so dass ich die Chance sah, mit dem Ausbilder King von der Schule „Zweifelhaft“ zu sprechen. Doch oh je, was war das? Alles, was ich bisher über Hundeerziehung und Ausbildung gehört hatte, sollte total falsch gewesen sein! Dieses Gespräch war sehr kurz und mein Entschluss stand fest: „Nie ein Hund aus der Schule!“ So ging die Suche weiter!

Irgendwann habe ich auf der Suche die Schule „Am Waldesrand“ in H. genannt bekommen. Nach dem ich mir weitere Informationen besorgt hatte, nahm ich Kontakt auf und wir machten einen ersten Besuch. Meine Frau, Ingo und ich wurden auf dem Bahnhof sehr freundlich empfangen. Nach einer kurzen Autofahrt folgte ein kurzer Spaziergang mit Ingo, so dass er sich lösen konnte. Das nun folgende Informationsgespräch war ausführlich und diente zur Prüfung der Übereinstimmung und dem Interesse einer guten Versorgung mit einem Blindenführhund durch die Schule. Es wurde abgeklärt, ob ich eine bestimmte Rasse bevorzugen würde und wenn, warum? Eine andere Frage sollte klären, ob mein neuer Führhund ein Rüde oder eine Hündin würde. Frau Happy fragte uns: „Was geschieht mit Ingo, wenn der neue Hund ins Haus kommt? Meine Frau und ich sagten fast gleichzeitig, dass Ingo bei uns bleiben sollte. Wir haben nicht nur räumlich gesehen ausreichend Platz, sondern auch in unseren Herzen.

Jetzt hatten wir die Gelegenheit zukünftige Blindenführhunde kennen zu lernen. Ingo blieb im Büro, so dass wir uns auf die Hunde konzentrieren und Frau Happy sich ein Bild davon machen konnte, wie die Hunde auf mich reagierten. Einer dieser Hunde war eine schwarze Königspudelhündin mit Namen „Aura", eine andere war die Australian Shepherd Hündin „Biggy". Letztere wuselte sofort um mich herum. Ich denke, wir hatten uns sofort ins Herz geschlossen, aber wie ich schon schrieb, dies waren alles zukünftige Blindenführhunde, also schon vergeben. Dass es trotzdem später im Jahr ein Wiedersehen geben sollte, konnte jetzt noch keiner ahnen. Wenn, dann hätten wir Biggy eine große negative Erfahrung ersparen können. Leider ging die Zeit viel zu schnell vorbei und wir mussten uns verabschieden. Frau Happy sagte mir zu, den Kostenvoranschlag bald zuzusenden, so dass ich diesen bei meiner Krankenkasse einreichen könne. Sie wäre zuversichtlich, dass wir gut zusammenarbeiten würden. Diesen Eindruck hatten meine Frau und ich auch. Frau Happy teilte mir mit, sobald die Krankenkasse einer Kostenübernahme zustimme, würde sie auf die Suche nach einem passenden Hund für mich gehen. Auf der Rückfahrt und zu Hause sprachen wir noch oft vom Besuch in der Führhundeschule und Biggy ging uns nicht mehr aus dem Kopf.

Wir sollten schon bald wieder von der Schule hören. Noch bevor die Krankenkasse ihre Kostenzusage mitteilte, kam ein Anruf aus der Blindenführhundeschule. Frau Happy fragte nach, ob ich Zeit hätte die Schule noch einmal zu besuchen, denn sie hätten einen ausgebildeten Führhund zurücknehmen müssen, der eventuell zu mir passen könne. Ich solle mir doch bitte den Hund ansehen und dann könnten wir gemeinsam eine Entscheidung, treffen. Meiner Frau und mir viel Biggy ein, aber die war ja nach Frankfurt (M), so dass sie nicht in Frage käme - oder doch?

Mit großen Erwartungen machten wir uns auf den Weg. Als wir nun in der Schule ankamen, wurden wir recht herzlich empfangen. Zunächst erfuhren wir, dass es sich um eine Rückkehrerin handle, sie einiges erlebt hatte, was durch eine intensive Nachschulung möglicherweise wieder korrigiert werden könne. Sie brauche aber eine einfühlsame Person, um wieder Vertrauen aufzubauen. Wenn dies nicht gelänge, wäre die Karriere als Blindenführhund zu Ende. Ich sei so zu sagen die letzte Chance. Frau Happy fragte mich daraufhin, ob ich mir dies zutrauen würde. Nach kurzem Überlegen sagte ich zu. Erst jetzt erfuhr ich, dass die Rückkehrerin die kleine Australian Shepherd Hündin „Biggy" sei. Frau Happy und ich machten jetzt einen Spaziergang mit Biggy, der ohne meine Frau und Ingo stattfand. Bei diesem Spaziergang sollte herausgefunden werden, ob Biggy schon jetzt ein wenig Vertrauen zeigte. Sie lief an der Leine neben mir und ließ sich ohne größere Schwierigkeiten führen. Auch im Freilauf hörte sie sofort auf mich. Uns beiden viel ein großer Stein vom Herzen, denn dies bedeutete, dass die Chance für Biggy stieg. Jetzt holten wir auch meine Frau und Ingo hinzu. Die Überraschung war perfekt, denn Biggy und Ingo waren sofort ein Herz und eine Seele. Dies war nicht nur an der Leine zu sehen, nein, sondern auch im Freilauf. Beide spielten miteinander und ließen sich abrufen. Jetzt fehlte nur noch die Zusage der Krankenkasse, so dass die Einarbeitung stattfinden konnte. Die Zusage kam am 30. September 2003.

3 BIGGY

Angelo: *„Ja, Biggy erzählte mir auch aus der Zeit in Frankfurt (M). Sie war für Biggy alles andere als optimal. In Frankfurt (M) hatte sie Dinge erleben müssen, die man sich als Hund und Hundefreund nicht vorstellen kann, daher werde ich diese hier nicht ausführen. Biggy* *erfuhr damals von Frau Happy, dass ein „NEUER" käme, der sich für einen Führhund interessierte und mit Sicherheit viel besser sei als die letzte Wahl. Bis zum Treffen mit Karl bibberte Biggy, denn sie dachte ja immer noch an Frankfurt (M), aber als sie Karl sah, war die Erinnerung an das erste Zusammentreffen wieder da und die Angst war verschwunden. Als sie dann noch Ingo sah – „Liebe auf den ersten Blick!" Jetzt machte die Nachschulung mit Frau Happy noch mehr Spaß, denn es sollte ja bald zur Einarbeitung gehen!"*

4 BIGGY UND INGO

Die Einarbeitung konnte nun beginnen. Sie war etwas anders aufgebaut, als die Einarbeitung mit Ingo. Morgens waren wir mit Biggy unterwegs. Nach dem Mittagessen war Theorie angesagt. Hier wurde ich mit Wissen über die Hörzeichen, das richtige Füttern, über die richtige Pflege und die Gesundheit des Hundes unterrichtet. Weitere Themen waren der

Umgang und das Verhalten des Hundes sowie die Rechtsgrundlagen für den Blindenführhund. Auch wurde ich in die Erste Hilfe beim Hund eingewiesen. Die Trainerin Muster führte mit mir den praktischen Teil der Einarbeitung durch, da Frau Happy ihr Herz an Biggy verloren hatte und es ihr nach den Geschehnissen in Frankfurt (M) schwer fiel, sie abzugeben. Nach der Einarbeitung am Ort der Schule ging es nach Hause. Hier fuhren wir nach Saarburg und Trier, um die verschiedenen Situationen zu trainieren und zu erleben. Wir waren alle zufrieden und konnten die Einarbeitung abschließen.

Als Ingo feststellte, dass Biggy seine Aufgabe übernommen hatte und wir immer wieder nach Hause kamen, zog er sich immer mehr zurück. Jetzt wurde uns so richtig bewusst, welchen Stress die Führarbeit für Ingo in den letzten Jahren bedeutete. Er viel immer mehr in sich zusammen. Zwei Wochen vor Weihnachten 2003 war es soweit, ich musste eine sehr schwierige Entscheidung treffen: Geben wir Ingo noch mehr Medizin und ziehen die Entscheidung bis Weihnachten oder Januar hinaus, oder beenden wir das Leiden. Nach der Rücksprache mit der Tierärztin beendeten wir das Leiden von Ingo und erlösten ihn.

Alles hat seine Zeit:
Sich begegnen und verstehen,
sich halten und lieben,
sich loslassen und erinnern.

Beinahe das Aus für Biggy!

Die ersten Wege, die ich mit Biggy alleine ging, waren super. Ich war in Trier Richtung Stadtmitte unterwegs. Links von uns eine Häuserwand, wir auf einem etwa 1,5 m breiten Gehweg und rechts Parkplätze, auf denen Pkws in Fahrtrichtung geparkt werden konnten. An einem dieser Häuser wurde das Dach erneuert und die Front neu verputzt und gestrichen. Das hierfür angebrachte Gerüst ging über die ganze Gehwegbreite. Unter dem Gerüst war für Fußgänger ein Durchgang angebracht. Biggy und ich steuerten darauf zu und Biggy blieb davor stehen. Denn auf der gegenüberliegenden Seite kam eine Mutter mit Kinderwagen. Ich lobte Biggy für die tolle Situationserkennung. Dann wollten wir weiter, aber Biggy blieb erneut stehen. Eine ältere Dame mit Stützstock kam uns entgegen. Als diese Dame vorbei war, starteten wir einen neuen Versuch. Jetzt kam eine Gruppe junger Erwachsener. Das war für Biggy zu viel, sie schaute sich die Situation erneut an, entschied dann, dass wir rechts über die Parkplätze an dem Gerüst vorbeigehen, so dass wir den Weg in die Stadt endlich fortsetzen konnten. Sie zeigte vorbildlich die Ampeln an, ging ordnungsgemäß durch die Geschäfte und führte mich auch sicher um jedes Hindernis herum. Doch irgendwann im Laufe der Zeit häuften sich die Situationen, die mich immer nachdenklicher werden ließen, da ich sie selbst nicht bewältigt bekam.

Ein Beispiel: Ich war in einem Kaufhaus unterwegs. Auf dem Weg an ein Regal zu gelangen, blieb Biggy plötzlich ohne vorherige Anzeichen stehen. Selbst nach einigen Versuchen verweigerte sie das Weitergehen. Daraufhin half ich Biggy aus der misslichen Lage und wählte einen anderen Weg. Siehe da, jetzt erreichten wir das Regal. Auf dem Rückweg trainierten wir den zuvor verweigerten Weg aus einer anderen Richtung und es gelang. Nach einem kleinen Rundgang durch das Kaufhaus gingen wir wieder an die besagte Stelle und Biggy verweigerte erneut. Irgendetwas störte sie doch ich wusste noch immer nicht was es war.

Angelo: *„Ja, Biggy erzählte mir, dass der Belag es waren helle Fliesen so stark spiegelten, dass sie sich in das Treppenhaus nach Frankfurt (M) zurück versetzt gefühlt hatte. Es tat ihr auch weh, aber sie konnte es zu diesem Zeitpunkt nicht verdrängen, um Karl auch jetzt eine gute Führhündin zu sein."*

An einem anderen Tag wollte ich mit ihr eine offene Treppe hinauf gehen, aber sie verweigerte. Sie war nicht zu überreden. Als ich später am Tag die gleiche Treppe hinabging, war es kein Problem für Biggy. Auch wenn wir Kindern im Alter von sieben bis zehn Jahren begegneten versuchte Biggy den Abstand so groß wie möglich zu halten. Ich rief daraufhin Frau Happy an und sie kam noch in der gleichen Woche zu uns. Wir gingen mit Biggy an die problematischen Stellen. Biggy zeigte das von mir geschilderte Verhalten. Jetzt trainierten wir intensiv und das Verhalten von Biggy verschwand - leider nicht für immer. So ging es fast drei Monate. Irgendwann sagte Frau Happy: „Wenn es mit Biggy so weiter geht, werde ich sie zurücknehmen und Du bekommst von uns einen neuen Blindenführhund. Dann hat all unser Einsatz und unser Bemühen leider nicht geholfen." In diesem Fall hätte das Vertrauen von Biggy in mich nicht ausgereicht. Nicht weil ich mir nicht genug Mühe gegeben hätte, sondern weil der Schaden, der durch die erste Führhundehalterin entstanden ist zu großgewesen war. Ich wurde durch die schwankenden Führleistungen auch immer unsicherer, was auch nicht zur Verbesserung der Gesamtsituation beitrug.

Dann kam der Tag, an dem es sich entscheiden sollte. Wir planten einen ganzen Tag mit vielen verschiedenen Situationen in denen sich Biggy und ich beweisen mussten, dass wir doch ein Team sind. Und siehe da: Der Knoten war endlich geplatzt. Biggy lief toll und wir alle waren glücklich darüber. In den nächsten Jahren kamen zwar immer wieder kleinere Sachen hoch, aber wir meisterten sie alle. Hätte dies nicht funktioniert, dann hätten wir Biggy als Familienhund aufgenommen, denn wir hatten trotz den Problemen beim Führen unser Herz an sie verloren.

Angelo: *„Ja, Biggy war auch sehr glücklich darüber, dass sie endlich die meiste Last der Vergangenheit vergessen konnte und dies so in Vertrauen zu Karl umgewandelt bekam. Biggy fiel auch eine schwere Last von den Schultern, als sie spürte, dass sie selbst als Haushund willkommen sein würde."*

Mit Biggy unterwegs

Es kam, wie es kommen musste, Biggy und ich hatten unseren ersten gemeinsamen Auftritt in der Hauptschule Saarburg bei den Schülern der fünften Und sechsten Klasse. Dies war für Biggy die erste große Bewährungsprobe. Wir kamen in den Raum und circa 40 Schüler saßen mit den Lehrern vor uns. Um Ruhe in den Raum zu bekommen, teilte ich allen mit, dass sie am Ende der zwei Stunden über Biggy und ihre Aufgaben etwas hören würden und, sofern Biggy dies zulasse, sie auch streicheln dürften.

Ich holte nun das ein oder andere kleine Hilfsmittel aus meiner Tasche und erzählte darüber. Dann kamen die Simulationsbrillen zum Einsatz. Zunächst bat ich freiwillige aus dem Lehrerkollegium zu mir. Sie sollten mit der Dunkelbrille auf der Nase in einem Tastbuch ein Tier ertasten. Dies gelang nur sehr schwer und endete in einem riesigen Gelächter. Jetzt sollten freiwillige Schüler zu mir kommen. Sie bekamen Brillen auf, die eine Sehbehinderung simulierten. Mit diesen Brillen sollten sie kleine Texte lesen. So waren schnell 60 von 90 Minuten vorbei. Jetzt kam das Thema, auf das alle gewartet hatten. Ich musste die Schüler nicht einmal auffordern Fragen zu stellen, sie hatten so viele, dass ich diese kaum in der verbleibenden Zeit beantworten konnte. Und ich durfte das Streicheln nicht vergessen. Biggy ließ es zu, dass alle Schüler sie anfassten.

Nach einigen Wochen bekam ich von dem Lehrer, der mich in die Schule einlud eine E-Mail, in der ich folgendes lesen konnte: In der Klasse, die ich besuchte, war auch ein Schüler, der vor meinem Besuch eine sehr große Angst vor Hunden gehabt hatte. Die Mutter habe ihm jetzt mitgeteilt, dass seither die Angst überwunden ist und der Junge noch immer von dem Blindenführhund spreche." So hat diese Stunde nicht nur Biggy, sondern auch einem Jungen geholfen die Angst zu überwinden.

Angelo: *„Dieses Erlebnis in der Klasse war eine riesige Mutprobe für Biggy, denn um in den Raum zu gelangen musste ja auch noch eine offene Wendeltreppe überwunden werden, was für Biggy ja auch zu den großen Hürden zählte. Sie sagte mir aber auch, dass sie auf sich sehr stolz war, als sie es geschafft hatte. Karl habe sie im Anschluss super toll gelobt und mit Streicheleinheiten verwöhnt."*

Ich hatte mit Biggy noch viele tolle Erlebnisse, die halfen Ängste zu mindern und Barrieren abzubauen. Eines jener Erlebnisse war der Besuch des Weihnachtsmarktes in Trier. Hier wollte ich mir die tollen

Stände ansehen, mal eine Dampfnudel mit Vanillesauce genießen und mich nach einem Geschenk umsehen. Doch ich hatte die Rechnung ohne Biggy gemacht. Biggy führte mich in Richtung des Weihnachtsmarktes und dann blieb sie stehen, besah sich das Gewusel und den Aufbau und ging los. Aber was war dass, statt mitten hinein ging Biggy außen herum. Auch beim zweiten Versuch führte Biggy mich außen herum. Es war ihr eindeutig zu viel los und sie hatte für sich und zu meiner Sicherheit entschieden: „Da gehen wir nicht durch!"

Im Rahmen meiner ehrenamtlichen Tätigkeit waren wir sehr oft unterwegs. Auf den Fahrten mit den öffentlichen Verkehrsmitteln gab es leider auch einige Situationen, bei denen es für Biggy doch sehr eng wurde. Das eine Mal waren wir auf dem Weg von Neustadt a. W. nach Saarbrücken. Leider hatte ich vergessen, dass an diesem Tag die „Roten Teufel" ein Heimspiel hatten. Wir waren mitten zwischen zwei Fan-Blocks geraten. Es war nicht nur laut, sondern sehr laut. Beide Blocks schmetterten ihre Gesänge über unsere Köpfe hinweg. Auch hatten wir kaum Platz uns ordentlich in eine Sitzbank zu setzen beziehungsweise Biggy unter die Sitzbank zu legen.

Ein anderes Mal hatten Passagiere noch nicht einmal die Zeit zu warten, bis Biggy und ich aus dem Zug waren. Die einen wollten schon in den Zug, die anderen schubsten Biggy so unglücklich, dass sie zwischen den Zug und den Bahnsteig fiel. Es interessierte sie noch nicht einmal. Ich konnte schauen, wie ich Biggy dort herausbekam, bevor der Zug wieder anfuhr. So hatte sich Biggy im Laufe der Zeit einige Blessuren zugezogen.

Auf einem großen Wochenmarkt passierte es uns, dass Leute über Biggy fielen, weil sie Biggy einfach übersahen. Und dann wiederum, wenn wir in ein Lokal gingen, bekamen es die Leute zwar mit, dass ich einen Blindenführhund dabei hatte, aber wenn wir nach dem Essen aufstanden, waren alle etwas verwundert und fragten: „Wo war denn der Hund die ganze Zeit? Man hat ja nichts von ihm mitbekommen!“

Dann gab es eine Situation, die mich zunächst ärgerte, aber heute muss ich darüber fast schon lachen. Wir wollten in einem großen Einkaufszentrum einkaufen, wie wir es schon oft auch mit Ingo getan hatten. Doch an jenem Tag war es anders. Wir gingen, wie gewohnt in den Markt hinein, als es plötzlich hieß: „Hallo Sie mit dem Hund! Hier dürfen Sie nicht rein!“ Ich drehte mich um: „Meinen Sie mich?“. „Ja, Sie!“ Da ging ich zurück zur Information und wollte wissen, warum ich denn nicht hineindürfe, mein Hund sei doch ein ausgebildeter Blindenführhund. Das sei gleich: „Hund ist Hund und Hunde dürfen nicht hier rein!" Hörte ich nur die Dame sagen. Ich war schon fast einer Explosion nahe. Ich nahm meine dicke Brieftasche heraus - OHNE GELD - darin habe ich viele Unterlagen, in denen zu lesen ist, das Blindenführhunde keine Hygienegefahr für Lebensmittelgeschäfte seien! Das Blindenführhunde als Hilfsmittel Hunde mit Sonderrechte sind. Aber dies schien die Dame nicht zu interessieren. Daraufhin bat ich den Geschäftsführer zu holen doch wer kam war ein Abteilungsleiter. Jetzt ging das ganze wieder von vorne los. Der Abteilungsleiter rief dann die Geschäftsleitung an. Von der Geschäftsleitung hieß es, er solle sich eine Kopie meiner Unterlagen machen und mich in den Markt lassen. Wir gingen also in den Markt und waren etwas erstaunt, denn wir bekamen einen Schatten. Die Geschäftsleitung hatte uns einen Ladendetektiv hinterher geschickt. Er sollte sicher schauen, ob Biggy in den Regalen schnüffelt oder sich bediente. An der Wursttheke wollte er besonders schlau sein. Er machte das Schälchen mit der Probierwurst für die Kunden auf und stellte dieses auf die Schnauzen Höhe von Biggy - was aus Hygienebestimmungen verboten ist! Aber ich konnte mich auf Biggy verlassen. Sie tat so eiskalt, als hätte sie diese Falle erkannt. Sie hob demonstrativ die Schnauze, schaute gerade aus und ging vorbei. Leider war unser Schatten danach verschwunden, denn ich hätte ihn gerne zu einer Tasse Kaffee eingeladen, um ihn über Blindenführhunde zu informieren.

Wie mit Ingo war ich auch mit Biggy auf vielen Seminaren und Veranstaltungen in ganz Deutschland unterwegs. Bei diesen Gelegenheiten überzeugte Biggy viele Geschäftsführer, Betreibern von Sparkassen, Jugendherbergen und Hotels, das Blindenführhunde kein Risiko für die Hygiene und die anderen Gäste sind. Auch half Biggy so manches Zutrittsrecht in Krankenhäusern umzusetzen. Die schönste Überraschung bekamen wir bei einem Besuch in der Krankenpflegeschule in Wittlich. Hier war ich schon seit Jahren dabei das Zutrittsrecht im angrenzenden Krankenhaus für Blindenführhunde und Assistenzhunde durchzusetzen, bisher ohne Erfolg. Doch dann, wurde ich von den Ausbildern und den Schülern überrascht. Kurz vor dem Ende der Stunde überreichte mir der Klassensprecher die Dienstanweisung des Hygienebeauftragten des Krankenhauses, in der das Zutrittsrecht positiv geregelt wurde. Dies war einer der schönsten Augenblicke, die mir zeigten, dass sich ehrenamtlicher Einsatz lohnt, auch wenn man dicke Bretter bohren muss und man sich so manches Mal vorkommt, als würde man gegen eine Wand sprechen.

Wie Ingo überzeugte Biggy so manchen Sehbehinderten oder Blinden sich einmal Gedanken über die Anschaffung eines Blindenführhundes zu machen. Leider haben sich auch einige für einen Blindenführhund entschieden, die nicht unbedingt zu jenen gehören, die man als optimale Herrchen oder

Frauchen einschätzen würde. Dies führte bei der Versorgung auch zu den dann erwarteten Problemen mit den Krankenkassen oder bei den Blindenführhundeschulen, da sich Wunsch und Wirklichkeit nicht vereinbaren ließen.

Nicht nur eine Freundin für Biggy

Wir erfuhren 2005 über die Blindenführhundeschule von Frau Happy, dass eine Labradorzüchterin eine ihrer Hündinnen in die „Zuchtrente“ gehen ließ. Frau Happy fragte an, ob wir nicht bereit seien, diese Hündin bei uns auf zu nehmen. Nach kurzem Überlegen fuhren meine Frau und ich ins nördlichste Bayern. Wir schauten uns die Hündin an und da wir Biggy und den kleinen Yorkshire dabei hatten, konnten wir auch sehen, ob sich „Jule“ mit unseren Hunden vertrug. Es war überhaupt kein Problem. Wir waren uns sofort einig, dass wir sie holen würden. Da die Züchterin auch unser Zuhause sehen wollte, bevor sie uns Jule überlies, vereinbarten wir, dass Sie mit Jule am darauffolgenden Wochenende zu uns käme. So bekam Biggy eine tolle große schwarze Freundin.

Jule sollte uns noch viele schöne Tage bringen. Außerdem sollten unsere Enkel viel Spaß mit ihr haben. Der erste von ihnen wurde 2004 geboren. Da Jule alles mit sich machen ließ, nutzte unser Enkel sie als Hindernis, welches man überwinden muss. Auch konnte er Jule als Kopfkissen nutzen, denn er schlief auch bei ihr ein.

Jule nutzte jede noch so kleine Pfütze im Freilauf um sich abzukühlen oder ganz einfach darin zu schwimmen, gleich ob es Süß- oder Salzwasser war. Biggy hingegen war Wasserscheu. Sie nutzte dafür fast jede Gelegenheit sich in nicht ganz so aromatischen Duftspendern zu wälzen, vorwiegend dann, wenn wir zu Hause waren, so dass ich sie doch öfter Abduschen musste. Biggy hatte mit mir das Einsehen, dass sie ihre Vorliebe nicht dann ausübte, wenn wir unterwegs waren. In diesem Falle hätten ihre bernsteinfarbenen Augen auch nicht überzeugen können.

Jule und Biggy hatten das Glück, dass sie nicht nur die Blindenführhunde von meinem Bruder Peter und seiner Frau Dorothea als Spielkammeraden in den folgenden Jahren bekamen, sondern auch das mein zweiter Bruder Reiner eine schwarze Labrador Hündin in seine Familie aufnahm. Maggi, eine Rettungshündin im Ruhestand, kam von der gleichen Züchterin wie Jule. Wenn wir uns alle trafen waren fünf große Hunde und der kleine Yorkshire-Terrier „Außer Rand und Band". Dennoch konnten die Nachbarn sich nicht beschweren, denn die Hunde waren nur selten zu hören.

Leider waren die gemeinsamen Jahre mit Timmy, Jule und Maggi zu schnell vorbei. Alle drei gingen den Weg über die Regenbogenbrücke.

Wenn ihr uns sucht,
sucht uns in euren Herzen,
haben wir dort eine Bleibe gefunden,
sind wir immer bei euch.

Dienstzeitende für Biggy

Ende 2009 signalisierte Biggy mir immer öfter, dass sie Schmerzen habe. Sie legte sich bei jeder Gelegenheit nieder oder stellte sich einfach ohne sichtbaren Grund - Gefahrenstelle – quer vor mich. So forderte sie immer häufiger Pausen ein. Sie packte kaum noch den Weg von unserem Zuhause bis zum Bahnhof. Dies sind etwas weniger als 15 Minuten Fußweg. Da diese Abstände immer kürzer wurden, rief ich im April 2010 nach Rücksprache mit meiner Krankenkasse Frau Happy an. Sie schlug vor, dass ich mit Biggy zu ihr kommen solle. Sie würde mit der Tierarztpraxis, die alle Hunde der Schule zwecks Blindenführhundtauglichkeit untersucht, einen Termin vereinbaren. So wollten wir abklären, was Biggy hat.

Der Tag nahte, an dem die Untersuchung anstand. Biggy und ich machten uns mit dem Zug auf den langen Weg. Was uns an jenem Tag noch an Stress bevorstand, konnten wir da noch nicht ahnen. Also fuhren wir von Saarburg nach Saarbrücken. Leider hatte der Zug 15 Minuten Verspätung. In Saarbrücken angekommen war unser Anschlusszug weg. Dies war für uns kein Problem, aber für andere Fahrgäste, die in diesem Augenblick ihre gute Erziehung vergessen hatten.

Ich hatte mir eine Umsteigehilfe geordert, die mich auf dem Bahnsteig in Empfang nahm. Sie wären zu zweit und ihr Kollege sei schon auf dem Wege eine neue Zugverbindung für mich zu suchen. In der Zeit, in der die Dame des Mobilitätsservices mir dies erklärte, drängelte sich ein Herr immer wieder dazwischen. Er beschimpfte die Dame und rief „Typisch Bahn! Immer wieder dasselbe! Mein Anschluss ist weg und ich habe doch einen wichtigen Termin!" Biggy lag die ganze Zeit links neben mir auf dem Bahnsteig und der Herr fuchtelte über ihr. Der Herr ging um mich herum und wir dachten schon, gut, jetzt ist er weg. Doch was war das? – Ich nahm nur wahr, dass er sich plötzlich nach links drehte und der Mobilitätshilfe mit beiden Händen einen heftigen Schubs verpasste, so dass diese nach hinten und fast über das Geländer der Treppe fiel. In diesem Augenblick waren meine Reflexe aus der Bundeswehrzeit wieder da. Mit einem gekonnten Griff über die rechte Schulter des Herrn zog ich ihn über mein rechtes Bein zu Boden. Er war so perplex, dass er zunächst nichts mehr sagen konnte. Der Kollege der Mobilitätshilfe war inzwischen auch wieder eingetroffen und konnte sich nur noch zwischen den Herrn und die Bahnsteinkante stellen. Damit wollte er verhindern, dass der Herr und ich ins Gleisbett fallen. Nachdem der Herr den ersten Schock, dass er auf dem Boden saß überwunden hatte, fing er wieder an zu streiten und wollte uns alle verklagen. Doch da kamen andere Passanten herbei, die aussagten, dass sie alles mit angesehen hätten, worauf er wütend und schimpfend den Bahnsteig verließ. Biggy und ich konnten unsere Fahrt eine Stunde später fortsetzen. Im Laufe des Jahres musste ich noch eine Stellungnahme verfassen, da diese Angelegenheit vor Gericht ging. Leider war die Dame eine längere Zeit Dienstuntauglich. Ich hoffe, dass sie den Schock über den Angriff inzwischen überwunden hat.

Angelo: *„Oh je, das war auch für Biggy keine schöne Erfahrung. Sie hatte Schmerzen und war froh, dass sie auf dem Bahnsteig ruhen konnte und dann kommt ein so uneinsichtiger Mensch, der fast noch auf sie getreten wäre. Biggy war froh, dass Karl die Situation im Griff hatte, ohne dass Biggy eingreifen musste!“*

Die Untersuchung in der Tierarztpraxis ergab leider nichts Gutes für Biggy. Man stellte eine Spondylose im gesamten Wirbelsäulenbereich und zwei verengte Bandscheiben fest. Diese Diagnose bedeutete für Biggy eine sofortige Dienstuntauglichkeit. Der Schock war groß und wir alle mussten diesen erst einmal verkraften. Doch um Biggy noch ein schönes Leben nach dem Dienst als Blindenführhund zu geben, musste schnell eine Entscheidung getroffen werden - die da hieß: „Biggy in Rente und ein neuer Blindenführhund soll bald wieder ins Haus kommen!

Ein neuer Blindenführhund muss her!

Nachdem wir den ersten Schock über die Diagnose von Biggy verarbeitet hatten, stellten sich mir folgende Fragen:

a) Bleibe ich bei der Führhundeschule oder suche ich mir wieder eine andere?

b) Welche Rasse soll der neue Blindenführhund haben?

Die Frage a) war schnell beantwortet. Ich bleibe bei dieser Schule, denn hier hatte ich von Beginn an immer einen Ansprechpartner. Frau Happy war immer zur Stelle, wenn ein Problem auftauchte und sie hat nie eine Situation schön geredet. Die Frage b) war nicht ganz so einfach zu klären.

Wollte ich einen überzüchteten Schäferhund – NEIN!

Wollte ich wieder einen Australian Shepherd? – JA! Hier teilte mir Frau Happy mit, dass sie wegen der aufgetretenen Probleme bei Biggy und ihrem Bruder leider keine Australian Shepherd mehr ausbilden. Sie seien dem Stress als Blindenführhund nicht gewachsen. *(Info: andere Schulen bilden immer noch Australian Shepherd aus.).*

Welche Rasse kommt noch in Frage? Riesenschnauzer; Königspudel; Labrador Retriever; Golden Retriever; und noch einige andere. Dies war keine leichte Entscheidung. Ein Labrador Retriever wollte ich nicht, auch wenn viele Blindenführhundehalter zufrieden sind. Ich mag das Verfressene an der Rasse nicht. Auch wenn man einen Labrador ohne diese Eigenschaft bekommen könnte. Ein Golden Retriever wäre schön, aber meine Frau und ich waren uns einig, dass es eine Rasse sein sollte, die nicht oder nur wenig haart, somit fiel diese Rasse auch aus.

Jetzt blieb nur der Riesenschnauzer oder der Königspudel. Beide Rassen sind nicht einfach, da eine gewisse Erfahrung vorhanden sein muss. Beim Königspudel dauert es ziemlich lange, bis er sein Herrchen oder Frauchen anerkennt. Ist dies aber geschehen, so geht er mit dem Frauchen oder Herrchen durch Dick und Dünn. Meine Wahl fiel auf den Königspudel, da diese Rasse erst in den 60ern des letzten Jahrhunderts wiederentdeckt wurde und somit nicht überzüchtet ist.

Im Anschluss an die Wahl der Schule und der möglichen Rasse hieß es wieder einmal den Kostenvoranschlag, die Verordnung und die Begründung bei der Krankenkasse einzureichen. Leider ging es dieses Mal nicht so zügig mit der Bewilligung, denn die Krankenkasse wollte nicht den vollen Preis zahlen. Nach einigem hin und her haben wir uns vor dem Sozialgericht geeinigt.

Frau Happy konnte sich nun auf die Suche nach einem geeigneten Hund machen. Sie suchte in der Schweiz nach einem passenden Hund für mich. Hier hatte sie eine weiße Königspudelhündin gefunden. Doch bevor sie die Fahrt antreten konnte bekam sie die Nachricht, dass die Hündin schon verkauft sei. Einen braunen Königspudel Rüden hatte sie bei einem Züchter in NS ausgemacht. Jung, stürmisch und voller Tatendrang, so beschrieb sie mir ihn. Ich sah ihn mir an und war sofort Feuer und Flamme. Meine Tochter Annette und Biggy waren auch dabei. Annette tat zunächst so, als wolle sie keinen Königspudel und stellte sich symbolisch auf die Seite von Biggy. Angelo, so hieß der Rüde, merkte aber schnell, dass Annette ein großes Herz für Hunde hat. Außerdem merkte Angelo, dass Annette schwanger war. Er kam sanft heran und stupste mit der Schnauze an ihren Bauch. So kommunizierte er schon mit unserem dritten Enkel. Sie sind noch heute ein Herz und eine Seele.

Bei Biggy hatte Angelo es überhaupt nicht einfach. Er wollte mit ihr Herumtollen, aber Biggy zeigte ihm die kalte Schulter. Als er nun wie ein Pferd mit den vorderen Pfoten hoch ging, um so Biggy zum Spielen aufzufordern, zeigte Biggy ihm, wer die Chefin im Ring und auf der Wiese war. Beide kamen aber gut miteinander aus, so dass Frau Happy und ich übereinkamen, dass sie Angelo zu meinem neuen Blindenführhund ausbilden solle.

Nach einem Testlauf mit Angelo wollte ich Biggy streicheln und mit ihr einen kurzen Spaziergang machen. Doch sie drehte mir den Rücken zu, so nach dem Motto, „Du willst mich nicht mehr, dann will ich mit dir auch nichts mehr zu tun haben!" Diese Phase dauerte aber nicht lange an.

5 ANGELO MIT KENNDECKE

Angelo: *„Ja, Biggy war damals ganz schön eifersüchtig auf mich!"*

Der Neue kommt!

Was war das für ein Unterschied! Biggy klein und zierlich und Angelo groß und ein Powerpaket. Ich hatte zunächst einige Probleme mich auf Angelo und seine Kraft einzustellen. Auch die Art und Weise, wie er mich führte war ganz anders. Da Biggy im letzten Jahr immer langsamer wurde, war ich an die Geschwindigkeit, die ein gesunder Hund gehen kann, nicht mehr gewohnt. Auch die Zugkraft, die Angelo an den Tag legte, war eine andere. Dennoch war ich froh, wieder einen gesunden Blindenführhund zu haben.

Angelo: *„Jetzt beginnt meine Zeit! Ich war jung und wollte der ganzen Welt zeigen, was ich für ein toller Kerl bin! Außerdem wollte ich Biggy zeigen, dass ich für sie ein würdiger Nachfolger bin und sie mir Karl anvertrauen kann."*

Angelo und ich wurden ein Team, was aber noch viel an sich zu arbeiten hatte. Dies lag aber nicht nur an mir oder Angelo, nein, damit hatte auch Biggy zu tun. Sie hatte zwar den Rentnerstatus, aber sie wollte sich damit einfach nicht abfinden. Immer wenn Angelo und ich von einer Tour zurückkamen, wurde Angelo von Biggy so „gefaltet", dass er sich irgendwie nicht traute, eine engere Beziehung zu mir aufzubauen. In solchen Situationen sah man deutlich, dass Biggy im kleinen Hunderudel die Chefin war. Dies sollte sich auch solange Biggy lebte nicht ändern.

Angelo: *„Ja, Biggy die Chefin machte mir das Leben in meinem neuen Rudel nicht einfach. Wie sollte ich es nur schaffen, meine Position im Rudel zu erlangen? Jedes Mal, wenn ich dachte, heute bin ich ein Stück weiter gekommen, dann sorgte Biggy dafür, dass ich schnell wieder auf dem Boden der Tatsachen landete. Von daher war auch die Teambildung mit Karl sehr schwierig."*

Neben der Tatsache, dass Biggy in den Ruhestand ging und ein neuer Blindenführhund in mein Leben trat, war das Jahr 2010 für mich ein gesundheitsraubendes Jahr gewesen. Meine ehrenamtliche Tätigkeit wurde immer stressiger, so dass ich zeitweilig kurz vor einem Herzinfarkt stand und ich den Entschluss fasste, mein Ehrenamt zu beenden. Dennoch dauerte es noch circa ein Jahr, bis ich gesundheitlich wieder obenauf war.

Abschied von Biggy!

Am Sonntag, 16.10.2011, saßen wir alle beim Frühstück, als das Unfassbare geschah! Biggy lag in ihrem Korb und schlug plötzlich mit dem Kopf an die Kante. Zunächst dachten wir an nichts Ungewöhnliches, denn wenn Biggy sich im Korb wälzte, dann bollerte es auch. Aber an jenem Morgen war es anders. Angelo stand vom Teppich auf und ging zu Biggy, sah sie ganz traurig und mit geneigtem Kopf an. Erst da sahen wir, dass Biggy sich krampfartig bewegte. Ich sprang auf und sagte zu meiner Frau: „Ruf in der Tierarztklinik an wir kommen mit Biggy, sie hat einen Krampfanfall!“ Wir hatten Glück, denn unsere Tochter Annette hatte an diesem Wochenende frei, so dass wir Biggy sofort ins Auto brachten und losfuhren. In der Klinik angekommen, wurde Biggy untersucht. Es wurde Blut abgenommen und ins Labor gebracht. In diesem Augenblick hatte Biggy den zweiten Anfall. Die Tierärztin kam, aber der Anfall war wieder vorbei. Sie konnte nur feststellen, dass Biggy mich erst nach einer Weile erkannte. Die Tierärztin legte ein Notfallmedikament bereit, für den Fall, dass Biggy erneut einen Anfall bekommen sollte. Dieser ließ nicht lange auf sich warten. Aber das Notfallmedikament zeigte keine Wirkung. Biggy krampfte circa 15 Minuten. Danach dauerte es fast 20 Minuten, bis Biggy überhaupt auf mich reagierte. Die Tierärztin teilte uns mit, wenn sie den Grund für Biggys Anfälle herausfände, es dieses und jenes Medikament geben würde, mit dem man Biggy behandeln könne. Der Nachteil sei aber, dass Biggy zunächst darauf eingestellt werden müsse, was sehr langwierig sei. Das Risiko, dass Biggy weitere Anfälle bekäme, sei damit aber nicht zu beheben. Auch bestünde die Gefahr, dass Biggy jemanden in einem der Anfälle beißen könnte. Ohne es auszusprechen, wussten Annette und ich, dass wir jetzt eine Entscheidung treffen mussten. Leider konnte sich Angelo nicht von Biggy verabschieden, da wir ihn zu Hause gelassen hatten.

Angelo: *„Ja, dies habe ich nicht verstanden, dass Biggy ins Auto durfte, ich aber Karl nicht dorthin begleiten konnte! Sie waren alle so stressig und unruhig. Keiner hatte die Muße, sich mit mir in Ruhe zu befassen. Sie waren alle mit den Gedanken nur bei Biggy. Später, im Laufe des Jahres, als ich wirklich registrierte, dass Biggy nie wieder zurückkommt, verstand ich, was damals an dem Sonntag geschah!"*

Als der Regenbogen verblasste,
da kam der Albatros,
und er trug mich mit sanften Schwingen
weit über die sieben Weltmeere.
Behutsam setzte er mich an den Rand des Lichts.
Ich trat hinein und fühlte mich geborgen.
Ich habe euch nicht verlassen,
ich bin euch nur ein Stück voraus.

Angelo ging noch sehr lange Biggy suchen. Jedes Mal, wenn auf der Terrasse etwas raschelte, schaute er sehnsuchtsvoll dorthin. Unsere große Wiese hinter dem Haus betrat er nur noch in meiner Begleitung. Diese Phase dauerte circa ein halbes Jahr an. Auch ich brauchte diese Zeit, um mit dem größten Schmerz umzugehen.

JETZT WUCHSEN WIR ALS TEAM!

In den folgenden Tagen und Wochen waren Angelo und ich recht oft unterwegs, um uns abzulenken. Wenn wir jetzt nach Hause kamen, fehlte uns das Quietschen und Bellen von Biggy und Angelo rannte immer wieder zur Terrassentür, in der Hoffnung, das Biggy hinter dem Haus war. - Leider war sie es nicht.

Unsere Bindung wurde immer stärker und auch die Arbeit von Angelo wurde besser. Zu dieser Zeit stellte ich auch fest, dass Angelo mich endgültig als Herrchen akzeptierte und unser Team wuchs und wuchs. Es zeigte sich aber auch, dass Angelo außer Biggy keinen Vierbeiner als Spielkameraden hatte. Dies ist bis heute so, außer wir fahren zu meinem Bruder Peter und seiner Frau Dorothea. Die beiden Hunde „Donna“, eine inzwischen 10,5 Jahre alte schwarze Labradorhündin und „Cleo“, eine 9-jährige braune Labradorhündin sind die einzigen, mit denen Angelo toben kann. Donna ist inzwischen eine „Oma“, die sich aus allem heraus hält. Ihre Nachfolgerin wird eine blonde Labradorhündin mit Namen Trixi. Sie ist zwei Jahre und mit der Ausbildung fast fertig, somit kann Angelo doch seine Power im Zusammenspiel loswerden.

Angelo: *„Oh je, das blonde Gift! Sie hat keinen Respekt vor dem Alter und der Erfahrung! Und jetzt kommt noch eine neue dazu. Anubia, eine Collie Hündin, gerade einmal 12 Wochen alt und möchte auch ein Blindenführhund werden. Sie wird die Nachfolgerin von Cleo."*

Zu den regelmäßigen Wegen die wir gehen, gehört der tägliche Gang mit meinem Enkel in den Kindergarten bei uns im Dorf. Sobald wir die Tür des Kindergartens öffnen und das Glöckchen von Angelo zu hören ist, kommen die Kids aus ihren Gruppen und rufen: „Angelo ist da!" Die Erzieherinnen stellten das große Interesse der Kinder an Angelo fest und daher fragten sie mich, ob ich nicht den Kindern über die Aufgaben eines Blindenführhundes erzählen könne. Ich sagte zu und wir machten einen Termin aus. In kleinen Gruppen kamen nun die Kinder und ich erzählte ihnen was Angelo so macht. Nach einer halben Stunde war für jede Gruppe der Augenblick gekommen, dass sie Angelo streicheln durften und es wurden Einzel- und Gruppenfotos gemacht.

Ein anderer regelmäßiger Gang ist der zum Hundefriseur, der alle 8 bis 10 Wochen ansteht. Hier wird Angelo geduscht und geschoren, so dass er vom Fell für mich pflegeleichter ist. Angelo geht gerne dorthin. Manches Mal ist er im Hundesalon so schnell auf dem Frisiertisch, dass ich ihm kaum das Führgeschirr und das Halsband ausziehen kann. Er genießt diese zwei Stunden, da er weiß, dass es ihm gut tut. Wenn wir nach dem Termin zu Hause ankommen, sagen alle, dass unser „Rehlein" wieder da ist.

SCHLUSSBEMERKUNG:

Sollte in ferner Zukunft der Tag kommen, an dem Angelo seine Aufgabe als Blindenführhund nicht mehr erledigen kann, gibt es für mich keinen Zweifel daran, dass ich mir wieder einen Blindenführhund ausbilden lasse. Bis dahin werde ich mit Angelo noch das ein oder andere Erlebnis haben. Vielleicht reicht es für ein weiteres Buch, ansonsten werden die Geschichten gesammelt und mit den Geschichten der folgenden Blindenführhunde in einem neuen Buch zusammengefasst.

Es wird ihnen aufgefallen sein, dass ich nichts von einer Gespannprüfung schrieb. Dies liegt zum einen daran, dass 1998 noch keine gefordert wurde und bei Biggy und Angelo die Krankenkasse trotz Nachfrage darauf verzichtete.

Angelo: *„Auch von mir soll eine Schlussbemerkung kommen! Aus den Gesprächen, die Karl mit anderen Führhundehaltern geführt hat, war immer herauszuhören, dass keiner mehr ohne einen Blindenführhund durch die Straßen der Orte, Städte und des Lebens gehen möchte. Dies läge zum einen an der Tatsache, dass wir Blindenführhunde viele Entscheidungen abnehmen. Da wir die Wege kennen, die Frauchen und Herrchen täglich gehen,* *können sie nun einiges an Konzentration für andere Dinge aufsparen. Und zum anderen sind wir immer bereit zuzuhören!*

Im Auftrage aller Blindenführhunde bitte ich darum, dass Ihr „Seh-Linge" euch an unsere „Bitten eines Blindenführhundes" am Ende dieses Buches haltet, denn damit erleichtert Ihr uns und unseren Zweibeinern den Alltag. VIELEN DANK!"

Erläuterungen:

Was ist eine O&M Schulung?

Das Orientierungs- und Mobilitätstraining mit dem Blindenlangstock wurde Anfang der 70er Jahre in Deutschland eingeführt und ist ein Schulungsprogramm für Blinde und hochgradig Sehbehinderte Menschen. Seit neuestem wurde der Begriff O&M Training abgelöst durch das Wort O&M Schulungsprogramm.

Es handelt sich um eine kassenärztliche Leistung die gesetzlich geregelt ist im SGB V, § 33 Abs. 1, Satz 2. Hierbei handelt es sich um eine Unterweisung im Gebrauch eines medizinischen Hilfsmittels. Das ist in diesem Fall der weiße Langstock für Blinde und hochgradig Sehbehinderte. Dieser Langstock reicht vom Boden bis circa unter die Achsel, dient als Orientierungshilfe, bietet Schutz vor Hindernissen und gilt als anerkanntes Verkehrsschutzzeichen in der Öffentlichkeit.

Die anderen weißen Stöcke, wie zum Beispiel der weiße Blindenstützstock oder der weiße dünne Taststock, sind nur etwa hüfthoch und werden deshalb nicht im Zusammenhang einer O&M Schulung verordnet. Aber generell gilt: alle weißen Blindenstöcke sind nach § 2 der Fahrerlaubnisverordnung anerkannte Verkehrsschutzzeichen um sich in der Öffentlichkeit und im Straßenverkehr als Blinder kenntlich zu machen.

WAS MUSS DER ZUKÜNFTIGE BLINDENFÜHR-HUNDEHALTER BEACHTEN?

Wer sich für einen Blindenführhund interessiert, tut gut daran, sich vor der Entscheidung gründlich zu informieren. Heute bekommt man beim Deutschen Blinden und Sehbehinderten Verband (DBSV) eine Liste bestehender Blindenführhundeschulen und einen Fragebogen, auf dem Fragen aufgelistet sind, die in einem Gespräch mit den Ausbildern Klärung über Ausbildungsmethoden, Zucht oder Kauf von Welpen und einiges mehr bieten können. Außerdem werden von den Blindenführhundehaltergruppen Seminare für Interessierte, Erstführhundehalter und deren Angehörigen angeboten. Hier werden Informationen und Erfahrungen ausgetauscht.

Anmerkung: Wer einen Führhund einsetzen möchte, braucht eine gute Orientierungsfähigkeit. Er muss seine Wege kennen, denn ein Hund kann mit dem Befehl: "Geh zum Bäcker!" nichts anfangen. Das bedeutet, dass der Betroffene zunächst eine klassische O&M-Schulung mit dem Blindenlangstock absolvieren muss. Daher die folgenden Fragen, die sich jeder beantworten muss:

- Warum möchte ich einen Blindenführhund?

- Was muss ich wissen und was muss ich selbst mitbringen, um vom Hilfsmittel Blindenführhund profitieren zu können?
- Welche Erwartungen habe ich an einen Blindenführhund?
- Wie stelle ich mir das Leben mit einem Blindenführhund vor?
- Bin ich bereit die Verantwortung für einen Blindenführhund zu übernehmen? Da er ein Lebewesen ist, muss er gepflegt und gefüttert werden. Er kann nicht einfach in die Ecke gestellt werden wie ein Stock. Der Hund gehört immer dazu. Der Hund braucht Abwechslung und auch immer wieder neue Herausforderungen auf seinen Wegen; er will auch arbeiten. Bei der Arbeit braucht er immer wieder ein Lob. Er braucht täglich seine Freilaufzeiten, in denen er nur Hund sein darf.
- Welche Rasse stelle ich mir als Blindenführhund vor?
- Was ist, wenn die Rasse die ich mir vorstelle nicht als Blindenführhund geeignet ist oder derzeit kein geeigneter Welpe zu finden ist?
- Habe ich eine O&M Schulung gemacht? Wenn nein, wo kann ich eine O&M Schulung machen und wer übernimmt die Kosten für die O&M Schulung?
- Was bedeutet der Blindenführhund für den Partner und die Familie?
- Was sagen mein Partner und die Familie dazu, wenn ich einen Blindenführhund möchte?

- Bestehen Allergien in der Familie?
- Habe ich in der aktuellen Wohnung ausreichend Platz für einen Blindenführhund?
- Wohne ich im Eigenheim oder zur Miete? Bei einer Mietwohnung: Auch wenn der Blindenführhund ein „Hilfsmittel“ und „KEIN“ Haustier im üblichen Sinne ist, muss die Haltung mit dem Vermieter abgeklärt werden.
- Habe ich einen Arbeitsplatz, der es mir erlaubt, den Blindenführhund mitzunehmen?
- Wo bekomme ich neutrale Informationen über Blindenführhunde und deren Ausbildung her?
- Wer bildet Blindenführhunde aus?
- Möchte ich, dass der Blindenführhund in Deutschland, der Schweiz oder Österreich ausgebildet wird?
- Möchte ich in die Aufzucht und die Ausbildung aktiv involviert sein?
- Was kostet ein Blindenführhund und wer übernimmt die Kosten?
- Wie und wo beantrage ich einen Blindenführhund?

WICHTIGE ANMERKUNG!

Bitte lassen Sie sich Zeit zur Beantwortung dieser Fragen. Überlegen Sie gut, was ein Blindenführhund für Sie und Ihre Familie bedeutet! Der Blindenführhund ist „KEIN HILFSMITTEL MIT SCHALTER“, den man je nach Bedarf ein- oder ausschalten kann! All diese Fragen müssen beantwortet werden. Sollte die ein oder andere Frage mit Bauchgrummeln oder nur mit sehr viel „Wenn und Aber“ zu Gunsten eines Blindenführhundes beantwortet werden können, so ist von einem Blindenführhund abzusehen, auch wenn es einem sehr schwer fallen sollte!

Bitten eines Blindenführhundes

Anmerkung: Ein Blindenführhund im weißen Führgeschirr ist immer im Dienst!!! In seiner Freizeit erkennen Sie ihn stattdessen an seiner entsprechend beschrifteten und mit einem eindeutigen Emblem versehenen Kenndecke, die verschiedene Farben haben kann. In diesem Fall ist allerdings normalerweise der Blinde durch den weißen Langstock, die gelb-schwarze Armbinde oder entsprechende Anstecker gekennzeichnet.

a) Bitte streichelt und lockt mich nicht, wenn ich mein Geschirr trage! - Meine Arbeit erfordert viel Konzentration und jede Ablenkung könnte meinen sehbehinderten und blinden Freund gefährden.

- **Zu der oben genannten Bitte:** Auch Anstarren und Ansprechen bedeutet Ablenkung. Bitte unterlassen Sie das Locken, da der Hund beim Blinden bleiben muss, da er seine Orientierungshilfe ist!

b) Bitte fragt meinen sehbehinderten oder blinden Partner, ob und wie ihr helfen könnt! - Spontanes Anfassen oder Festhalten am Führgeschirr machen mich und meinen Begleiter unsicher. Ihr könnt gerne eure Hilfe anbieten, aber seid nicht beleidigt, wenn Herrchen oder Frauchen ablehnen. Wir sind sehr selbstständig!

- **Zusätzliche Anmerkung:** Blindenführhunde lernen, auf Kommando einer bestimmten Person zu folgen, deshalb ist verbale Hilfe vollkommen ausreichend. Wenn Sie von einem Blinden nach dem Weg gefragt werden, helfen ausschließlich exakte Richtungsanweisungen. Gesten sind völlig sinnlos.

c) Bitte sagt meinem Herrchen oder Frauchen, welche Busse einfahren oder wann die Ampel auf "grün" steht! Ich bin zwar sehr intelligent, aber lesen oder Ampeln richtig deuten kann ich nicht.

- **Zusätzliche Anmerkung:** Auch an Bahnhöfen sind Informationen über Züge, Bahnsteige und Abfahrtzeiten sehr hilfreich, da sie sehr zeitsparend sind, vor allem, weil es immer wieder unvorhersehbare Abweichungen und Bahnhöfe gibt, an denen man sich hauptsächlich auf Anzeigetafeln beschränkt.

d) Bitte haltet euch an die Verkehrsvorschriften! - Zugeparkte oder mit Fahrzeugen verstellte Gehwege zwingen mich auf die Straße auszuweichen, wo es sehr gefährlich werden kann.

- **Zusätzliche Anmerkung:** Gefährlich werden kann es hier für alle Verkehrsteilnehmer! Außerdem gelten die oben genannten Bitten auch für das Freihalten von Straßenübergängen.

- Außerdem ist es hilfreich, wenn Hecken, überhängende Bäume, Mülltonnen etc. Gehwege nicht komplett versperren, sondern ein genügend breiter und hoher Durchgang bleibt, damit das Gespann seinen Weg ungefährdet und mit höchstmöglicher Orientierung für den Blinden fortsetzen kann. Diese Maßnahme kommt jedoch allen Fußgängern zugute, vor allem denen, die nicht nur schlecht sehen, sondern auch schlechter zu Fuß sind.

e) Bitte beachten Sie auch, dass Hunde keine Schuhe tragen. Bitte werfen sie deshalb nichts auf den Gehweg oder die Fahrbahn, was die Pfoten verletzen könnte.

f) Bitte erlaubt mir den Zutritt zu Lebensmittelgeschäften! - Das Gesetz ist zwar auf meiner Seite, aber dennoch schimpfen immer noch Leute über mich in den Geschäften. Ihr lasst eure Augen ja auch nicht vor dem Geschäft.

- **Zusätzliche Anmerkung:** Blinde sind auf ihre Führhunde angewiesen und sollten sie möglichst nicht aus ihrer Obhut geben.

g) Bitte achten Sie, auch, wenn Sie Hunde nicht mögen, ihre Leistung und den unermesslichen Wert für ihre sehbehinderten oder blinden Halter.

- Wenn Führhundhalter nach einer Treppe fragen ist niemals eine Rolltreppe gemeint, da Führhunde diese aufgrund der hohen Verletzungsgefahr für die Pfoten nicht anlaufen dürfen!
- Wenn es keine normalen Treppen gibt sind Hinweise auf den Standort von Fahrstühlen sehr hilfreich.

h) Bitte erschreckt mich nicht mit Knallkörpern und dergleichen! - Ihr gefährdet damit meine Diensttauglichkeit und mein blinder Partner verliert einen verlässlichen Führer.

- **Zusätzliche Anmerkung:** Bitte unterlassen Sie auch jeden anderen Scherz, oder das, was Sie dafür halten mögen, sei es zum Beispiel, den Hund auf eine "falsche Fährte" zu locken, um zu sehen, ob er auch dann noch seinen Weg findet oder ihn mit etwas Essbarem abzulenken. Der Führhund leiht dem Blinden seine Augen. Die Orientierung, sprich die Übersicht über die Umgebung ist unabdingbare Sache des Blinden. Wenn er vom Wege abkommt, hilft ihm auch sein Hund kaum weiter, der ihn höchstens zum letzten bekannten Punkt zurückführen kann, der für den Blinden jedoch lediglich durch eine mögliche bekannte Geräuschkulisse oder markante taktile oder akustische Merkmale erkennbar ist. Auf unbekannten Wegen wird es somit nach solch unfreiwilliger Exkursion sehr anstrengend und schwierig für das Gespann.

i) Bitte haltet eure Hunde zurück und umgeht uns zügig! - Ich darf im Dienst nicht schnuppern und spielen. Doch in meiner (übrigens reichlich bemessenen) Freizeit bin ich jederzeit für eine wilde Rennerei zu haben.

- **Zusätzliche Anmerkung:** Bitte nehmen Sie Ihren Hund an die Leine. Rollleinen oder Langlaufleinen sollten kurz gehalten werden. Außer der Ablenkung, die ein Kontakt mit Artgenossen für Blindenführhunde im Dienst bedeutet, sind Blindenführhunde Angriffen im Geschirr schutzlos ausgeliefert, da sie in ihrer Bewegungsfreiheit stark eingeschränkt sind.
- Immer wieder müssen Führhunde nachgeschult oder "berentet" werden, weil sie im Geschirr angegriffen und verletzt wurden und somit ihre Arbeit nicht mehr angstfrei, entspannt und konzentriert ausüben können. Am einfachsten findet der Führhund seinen Weg, wenn Sie als Sehender zügig den Weg freigeben.

j) Bitte füttert mich nicht! - Ich bin dazu erzogen worden, von Fremden nichts anzunehmen. Jeder Versuch von eurer Seite untergräbt diesen Gehorsam und mein blinder Partner wird dann zu Recht sehr ungehalten.

- **Zusätzliche Anmerkung:** Auch Blindenführhunde können Unverträglichkeiten oder Allergien haben und somit nach Aufnahme solcher Stoffe oder allgemein nicht-artgerechter Nahrung ausfallen, was eine unabhängige Mobilität für den Blinden auf unbestimmte Zeit unmöglich macht und auch diese Menschen leben nicht selten selbständig und allein!
-

Für Ihre Aufmerksamkeit vielen Dank!

Treuer und zuverlässiger Begleiter des Blinden:

Der Führhund

Anmerkung:

Dieser Text entstand in einer Gruppe Deutscher Führhundehalter.

Die Verbreitung der "Bitten" ist ausdrücklich erwünscht.

Die zusätzlichen Anmerkungen stammen teilweise aus dem "Arbeitskreis der Blindenführhundhalter im Deutschen Blindenverband".

Danke

Dank an meine Familie für die Unterstützung. Dank auch an die Ausbilder meiner Fellnasen, ohne die ich nie eine solche Mobilität erreicht hätte. Mein Dank geht auch an jene Betroffenen, die mir in den verschiedensten Situationen Informationen und Tipps im Umgang mit meiner Sehbehinderung und den Fellnasen gaben.

Ein besonderer Dank geht an die Fellnasen, die es mit mir nicht immer leicht hatten, mich aber dennoch immer ans Ziel brachten.